风靡全球的攻心必杀技，助你成为 **NO.1**

完美成交的
销售心理学

—— 冯耀龙◎著

Perfect Sales
Psychology

销售就是搞定人
搞定人需要攻心术
精准的攻心术才能沟通零距离
沟通零距零才能轻松实现完美成交

花山文艺出版社

图书在版编目（ＣＩＰ）数据

完美成交的销售心理学 / 冯耀龙著 . — 石家庄：
花山文艺出版社，2017.9
　　ISBN 978-7-5511-3741-6
　　Ⅰ . ①完… Ⅱ . ①冯… Ⅲ . ①销售 – 商业心理学 –
通俗读物 Ⅳ . ① F713.55-49
　　中国版本图书馆 CIP 数据核字 (2017) 第 231105 号

书　　名：**完美成交的销售心理学**
著　　者：冯耀龙

责任编辑：梁东方　贺　进　韩　松　林艳辉
责任校对：李　鸥
美术编辑：胡彤亮
出版发行：花山文艺出版社（邮政编码：050061）
　　　　　（河北省石家庄市友谊北大街 330 号）
销售热线：0311-88643221/29/31/32/26
传　　真：0311-88643225
印　　刷：北京天宇万达印刷有限公司
经　　销：新华书店
开　　本：880×1230　1/32
印　　张：8
字　　数：210 千字
版　　次：2017 年 9 月第 1 版
　　　　　2017 年 9 月第 1 次印刷
书　　号：ISBN 978-7-5511-3741-6
定　　价：39.80 元

冯兄话吉　大作小序

"志合者，不以山海为远；道乖者，不以咫尺为近。"与耀龙兄的结识，缘于道，缘于志合。耀龙兄是餐饮界之泰斗，营销界之大师，他的思维理念与我的道膳运营，如出一辙。今年 4～7 月，半年内央视两次问津道膳，采编制成十九大献礼之作，这里面就蕴藏着耀龙兄的《完美成交的销售心理学》之奥秘。

《完美成交的销售心理学》，细细读来，既是硝烟弥漫的古战场，又是刀光剑影的竞技场，更是运筹帷幄的大道场。其行为是销售，其过程是心理，其结果是成交，其核心就是道。该书诠释了销售的最高境界，那就是无销，完美成交，天人合一，与道合真。

做销售，其实就是一个恋爱的过程，让用户了解你，爱上你，娶回你。我不是要买汽车，而是要买速度、地位；我不是要买化妆品，而是要买"美"、自信。做销售，也可称作是观心。观察是外在的，洞察却是内丰的。消费者的内心就好像冰山一样，你能轻易观察到的就是露出冰面的冰山一角；而消费者的真实动机深藏在冰面下，需要深入洞察才能撼动整座冰山。犀利的眼睛只能发现问题，只有睿智的头脑才能洞察真相，洞察用心，洞察人性。

道可道，非常道，道术相依，道法自然。我们讲求的不仅仅是面上的销售之术，而是其背后的无形之道，从这个意义上讲，《完美成交的销售心理学》又何止是一部营销学呢？！

中国葛洪文化研究会副秘书长

道 膳 传 承 研 发 人　张贺程

江苏省句容市科协副主席

2017 年 7 月 22 日

第一章 用你的真心换客户的动心
——真正的销售从"心"开始

第一章　用你的真心换客户的动心

——真正的销售从"心"开始

THE PERFECT SIGNING

OF THE SALES

PSYCHOLOGY

1. 与客户架一座和谐沟通的"桥梁"

销售的基础在于沟通，没有沟通就不可能有成功的销售，所以与客户和谐沟通是双方达成合作的关键。这就需要销售者搭建起一座稳固坚实的"桥梁"，将彼此心中所需所想都通过这个"桥梁"巧妙地对接。

沟通的方式有多种，主要表现为语言的沟通和非语言的沟通。但不管是哪一种，销售者至少应该让客户知道你是干什么的，你的东西有什么不同，你能给客户带来什么样的价值……同时，通过沟通，你应该达到让你的客户信任你、喜欢你的目的，在他需要你的时候，能准确地找到你，满足他某种需求。

乔·吉拉德，一开始靠着一部电话、一支笔和顺手撕下来的一页电话簿来开展业务。他不停地打电话，只要有人接电话，他就记下对方的姓名、职业、爱好、是否买车、什么时候买、想买什么样的车等基本情况。虽然收获很少，但他掌握了大量客户的基本情况。

他隔三岔五地打电话追踪他的客户，一年十二个月，每月都寄出设计不同的、上面印着"I like you!"的卡片给用户。他说："我的名字'乔·吉拉德'一年出现在你家十二次！当你想要买车，自然就会想到我！"他的执着和耐心感动了很多人。

乔·吉拉德还喜欢发名片，他把名片印成橄榄绿，像一张张美钞，他见人就发，而且要对方一定收下。他说："销售者一定要让所有的人都知道你在卖什么，而且要一次一次地加深印象，让这些人一想到要买车，自然就会想到乔·吉拉德。"

乔·吉拉德每次和客户见面，就像一个舞台剧演员，肢体语言非常丰富。他总是笑容满面、充满自信，一会儿凑近你的耳边呢喃，一会儿又跪在地上引吭高歌，以此来引起客户的注意和好感。

乔·吉拉德用自己的辛勤、耐心和创意，利用电话、卡片、名片等物品，与客户搭建了一个强大的沟通"桥梁"，当客户有需要时，自然就想到了他。这种沟通不只是嘴巴说出的巧妙的话语，还有具体实物所创造的惊喜，因此，他的汽车开进了更多客户的家里，钞票也源源不断地流进了乔·吉拉德的口袋。

有时你苦口婆心的"游说"，可能客户听而不闻，但是当你诚心诚意用心地去做一件事，可能会收到更好的效果。例如：改变你名片的颜色，参考一下人民币的颜色，让客户一拿到你的名片，就像拿到钱一样不忍丢弃，名片就成了你和客户沟通的"桥梁"。

你可以把名片上面的称谓换一下，把大区经理、总经理、主任等换成"愿意随时为您服务的某某"，让客户看到后有一种亲近的感觉；也可以把你的产品介绍再缩短简化一下，去掉冗长烦琐的修饰词；或者是递上一张卡片，充满深情地印上一句："I like you!"，以此表达你对客户想说又不好意思当面说的话……你的精心设计，或许会在某一时刻触动客户的心，进而达成意想不到的默契。

与客户交谈时语言的应用、语气的把握、讲话的姿态，都应能及时准确地向客户传达你的意愿、你的友好、你的真诚。在不同的客户面前你可以使用不同的表达方式，建立不同的"桥梁"。与自以为有一点艺术细胞的客户交谈，你可以适时地施展一下你的才艺，或高歌一首，或抚琴一曲，成就一番伯牙与子期高山流水遇知音的和鸣；与号称"一瓶不倒，两瓶正好"的瘾君子，你也可以和他切磋一下酒艺，或许还能多一个酒友呢！

生动有趣的交谈，引人入胜的话题，可以提高客户的兴趣，把死板、单调、乏味的推销，变成生机盎然、津津有味的家常闲聊，聊天的过程中你再及时地递上名片，也许一桩看来不容易的生意就此达成了。

主动地去构建一座座与客户和谐沟通的桥梁吧！有了这座桥梁，你和客户才能互惠互利。

有一对年轻夫妇要买房子，销售者把他们领到房间后，看到房间里的地板已经很破旧，年轻夫妇心里便有些不满意。他们走到阳台上，看到院子里有一棵茂盛的樱桃树，这对年轻夫妇的脸上才表现出一丝兴奋的神色。

这对年轻夫妇对销售者说："这座房子太破了，地板也坏了。"销售者说："是的，这座房子的确有些破旧，但这里环境多好呀！院里还有一棵如此难得的樱桃树，一定会给你们的生活增添无限的乐趣。"

他们又到厨房，年轻夫妇看到厨房的设备生锈，还没等这对年轻夫妇把不满意说出来，销售者就对他们说："这些都不是问题，我们可以全部换成新的，重要的是院里有这棵樱桃树，会让你们在这里度过最美好的时光。"销售者每次提到樱桃树，这对年轻夫妇的不满立即就消失了大半。

在这个小故事中，销售者敏锐地察觉到客户对樱桃树的喜爱，并且以此为"桥梁"，实现了和谐的沟通，将一场看似不可能达成的交易变成了现实。每当客户情绪不好的时候，销售者及时地提到了樱桃树，给了客户一个购买的理由，唤起了客户的购买欲，让他欲罢不能，最后下决心买下了这座房子。

真诚的交流，用心的沟通，是与客户架一座和谐沟通"桥梁"的重点。用心去搭建，桥梁就在你的心上、你的手中。

2. 用热情感染客户

热情具有超强的亲和力，它可以让见到你的人，迅速地融入你的世界；热情具有超强的感染力，它可以让和你交往的人，为你的真诚所感动。

热情可以拉近距离、促成交易。我们发现，热情的销售者总是容易促成交易，那是因为谁都愿意跟热情的人打交道，愿意从信赖的人那里购买东西，这是大多数人的心理。

三个见多识广、足迹遍布世界各个角落的英国大刊物的通讯记者，做了一个游戏：在一个纸片上，把他们认为最优秀的推销者的名字写出来，并要解释为什么会选这个人。结果出来以后，他们惊奇地看到，他们三个人写的都是澳大利亚墨尔本的一位著名的保险推销员。

三个人的解释有一个共同点——这个推销员很热情。

这三个大报的记者，曾经结交过各种各样的人物，但都不约而同地认为最优秀的是这名热情的推销员，可见热情在交往过程中的重要性。

没有哪一个客户愿意跟一个没有热情的人打交道，无论你有多大的才干、认识多少人，如果没有热情，也调动不起别人的积极性，也就不能给客户留下太多的印象。

如何让客户在很短的时间内记住你、喜欢你，并且愿意和你交往？其实很多时候靠的不是能力的大小，而是热情的多寡。热情能在很短的时间里，感染身边的每一个人，使他们被你的热情所感染，做出接受产品的决定。

比尔·盖茨说过，一个好员工，应该以极大的兴趣和传道士般的热情打动客户，了解他们需要什么，喜欢什么。

我们可能注意到，"服务"这个词总与"热情"相连，热情的服务就是客户所要的服务。乔·吉拉德之所以成为伟大的销售者，也是因为他的热情服务。

一天，一位中年妇女走进乔·吉拉德的汽车展销室，她说她想买一辆福特牌轿车，刚才她到对面的福特车行，那里的销售者太忙，让她一个小时以后再来，她就顺便到了乔·吉拉德的汽车展销室来消磨时间。乔·吉拉德虽然了解到了她可能不会从自己这里买汽车，但还是非常热情地和她聊了起来。

她高兴地告诉乔·吉拉德，今天是她的55岁生日。乔·吉拉德真诚地说："生日快乐，夫人。"乔·吉拉德请她进来看看，顺便出去交代了一下。

乔·吉拉德对那个夫人说："夫人，您喜欢白色车，这会儿您也没事，我就领您看一下我们的白色轿车吧。"

他们刚看完，女秘书拿着一束玫瑰花走进来，把花递到那个女士的手里说："祝您长寿，尊敬的夫人。"那个妇人很受感动。

"已经很久没有人给我送玫瑰花了。"她说，"刚才福特那位销售者一定是以为我买不起车，才说让我等一个小时的。"

她又说她只是想买一辆白色的车，只不过表姐的车是福特的，所以才想买福特，其实不买福特也可以。最后，她在乔·吉拉德这儿买走了一辆雪佛兰。

一个冷冰冰，一个热情似火，服务态度的截然不同令这位女士一改初衷，最后在乔·吉拉德这里买了一辆雪佛兰轿车。其实，也不是乔·吉拉德的销售能力多么超强，而是乔·吉拉德的热情，让那位女士做出了最终的决定。

乔·吉拉德在自己的销售工作中，总是满怀热情地面对每一个客户，他的热情不但感染了所有的客户，而且也感染了他自己，使他对所从事的职业发自内心地热爱，并付出了所有的热情与努力，最后终于取得了非凡的成绩。

事实上，热情是做成任何事情的首要因素，没有人会讨厌一个热情的销售者，而一个冷若冰霜的销售者势必难以打动任何人。

没有热情就没有销售。没有热情，客户将无法感受到你的真诚，便不会从你手里购买商品。人与人的沟通是心与心的碰撞，用热情去感染客户，必能得到客户的认可。

3. 用真诚打动客户

一提起销售，多数人都会把销售者看作是靠嘴皮子吃饭的人，觉得他们一定能说会道，巧舌如簧。诚然，销售者应该具备一定的口才，能把自己的来意和产品情况说清楚，这样才能游刃有余地和客户沟通。但是一个成功的销售者不是单纯靠嘴皮子吃饭的，更是要靠真诚、靠自己实实在在的努力。

真诚是销售者应具备的品格，是一个销售者打动客户、赢得客户信赖的根本。

叶南是一个粮油店的业务员，从事几年的销售工作之后，叶南突然对自己逢场作戏的行为感到十分厌恶。由于时常觉得对不起自己的良心，叶南决定从今以后要真诚地对待客户，即使这样会被老板开除也在所不惜。

有一天，一个顾客来到店里买油，这位顾客看上了一桶包装很精美的油，对叶南说："这桶油，怎么卖呀？"

叶南真诚地对顾客说："老实告诉你吧，这桶油包装虽然精美，但是油质量确实不怎么样，价格也贵。您不如要这一桶，这一桶包装看起来一般，但质量确实很好，价格也便宜，是真正的货真价实呀！"

这个顾客看着叶南真诚的样子，很高兴地说："那我就买一桶这个便宜一点的吧，我回去吃吃看，如果好，我还来买你的油。"顾客高兴地买了油走了。

然而，这个粮油店一直以来都是拿包装精美的油当主打产品，价格高，利润大。叶南把实话都跟客户说了，以后的生意还怎么做呀！店长很生气，准备算算账把叶南开除了。

没想到下午就来了一群人，都说这个粮油店货真价实，不欺骗顾客，特别是有一个真诚的小伙计。他们都是来买油的，老板知道了这件事后很震惊。从此以后，这个粮油店顾客盈门，生意红火起来，老板不但没有开除叶南，还把叶南升为了店长。

客户都希望看到真实的一面，谁也不想被欺骗，欺骗可能会带来一时的利益，但绝不会长远。诚信经营才能长长久久，正是叶南的真诚让客户了解了小店真实的一面，对小店有了信任，也使更多的人愿意到这里买东西。

现在一些不法商贩为了谋取利益，不顾客户的人身安全，塑化剂、苏丹红、地沟油等搞得人心惶惶。而叶南为了对得起自己的良心，真诚地面对客户，真心实意地为客户着想，他用真诚打动了客户，赢得了客户的信赖。他的做法虽然让小店失去了暂时的暴利，但赢得了人心，保住了长久的利益。

阿里巴巴的创始人马云在创业初期，曾帮一些外贸企业在网上接出口订单。每家外贸企业每年都要交一定的年费，但马云及其团队帮助成交的订单总额还没人家交的年费多，马云及其团队觉得很不好意思，觉得收了钱没帮人家办好事，年底再进行客户回访时，他们就说别交定金了，甚至愿意退还原定金。

客户们被马云及其团队的真诚所打动，不但继续与他们合作，还给予他们很多鼓励和安慰。客户鼓励马云说，新事物被人们接受是需要一段时间的，这需要时间和耐心。马云对客户的真诚最终换来了客户的信赖，他们也因此靠着诚信和真诚坚持了下来，也更坚信了他们诚信立足的标准。

销售者首先要从真诚做起，要让顾客感受到你是真心实意为他们着想，而不是纯粹为了做成一笔订单。销售者要真心实意地做好每一件事，不要想着投机取巧，欺骗客户，耍小聪明。

想用你的真诚打动客户，就要尊重每一位客户。在拜访客户之前，要做精心的准备：客户的性格怎么样，客户需要什么，喜欢什么，有什么习惯，有什么禁忌，家有几口人，生日是哪一天，有哪些竞争的对手，什么时间去合适，谈话从哪里开始、在哪结束……都要做精心的安排。

不要害怕客户看不到你的真诚，只要你一心一意地为客户着想，真诚地待客，从细节做起，关心顾客的利益，客户自然会感觉到你的真诚。

4. 请将抱怨的时间用在了解客户上

王辉是一家医药公司的业务员，这几天他有点不高兴，见了谁都抱怨：公司的药品价格太高了，包装没有别的厂家好，药物品种又少得可怜，提成也没别的厂家高，等等。

抱怨多了，王辉就没心思跑业务了，偶尔出去拜访一下客户，也是轻描淡写。客户感觉不到王辉的诚意，就慢慢地不要他的货了，仅有的几个客户也丢失了，王辉这个月就没有了业绩。公司看到王辉天天只知道抱怨，不知道开发新客户，业绩又差，就把他开除了。

人生最大的敌人是抱怨，销售也是如此，抱怨可以让你失去客户，也能让你失去工作。抱怨不仅会让自己失去工作的热情，还会影响别人，成为害群之马，最终免不了落个被开除的下场。

一味地抱怨，其实不能解决任何问题，只有努力去改变现状，提高自己的能力，才是唯一出路。在王辉抱怨的同时，其他的业务员的销售工作却做得很好，并没有因为王辉抱怨的那些问题而影响业绩，这也说明即使王辉抱怨的那些问题存在，只要努力想办法弥补，努力地去推销还是可以有不错的业绩的，而王辉却因为一味地抱怨失去了工作，真是不值得。

与其抱怨，不如努力。把抱怨的时间和精力用在开发、了解客户上面，比无所事事地抱怨强多了；把自己想到的不利因素和客户说出来，争取客户的理解和支持，说不定反而可以和客户达成更深的共识，变被动为主动，变坏事为好事。

抱怨是毒药，它可以使人由勇士变为懦夫，一味地抱怨只能使事情越来越糟，没有一点积极的作用。只有远离抱怨，才能在销售之路上越走越远，把抱怨抛掉，把客户请进来，你就会收获不一样的明天。

成功的销售者，从来不用消极的态度对待工作，他们总是积极地看问题、想办法，调动一切积极的因素，去完成销售的使命。其实，做销售就是做人生，销售商品的同时你也在推销着你自己，销售不成功最大的原因，可能就是你自身没有修炼到位，抱怨太多，努力太少。

论抱怨，那位把梳子卖给和尚的业务员，那位把鞋子卖给不穿鞋子的印度土著的业务员最有权利抱怨，然而他们并没有选择去抱怨，而是用他们的能力和独特的想法完成了别人认为不可能完成的任务，成为成功者。

一个销售者的成熟，关键在于心理的成熟。成功者与失败者的最大区别，在于他们有着怎样的思想：成功者的思想积极向上，勇往直前，总想着怎么把事情做好；失败者的思想消极避让，得过且过，毫无远见，总是在抱怨生活的不公平。

人称"汽车销售之神"的奥诚良治，由失业而进入汽车销售业。开始时他性格腼腆、言语木讷，在汽车销售中一次次被别人拒绝，他开始抱怨生活对自己的不公，竟然不给自己成功的机会，他变得更加木讷胆怯。最后，他选择了逃避，想先到乡下躲几天，再回来把工作辞掉。

在乡下的那几天，他在田埂上看见几个小孩子用温水朝着一只青蛙身上倒，这些孩子的动作，明显是对青蛙的侮辱，但他奇怪地看到那只青蛙仰着头，微微闭起双眼，好像正在享受着这些孩子的戏弄。最后他明白了，青蛙是冷血动物，当温水淋到身上时，会感觉很舒服，就像人在洗温泉淋浴一样。

奥诚良治受到很大的触动，联想到自己的处境，客户的拒绝与同事的冷眼，不正像孩子们淋下的水吗？被当作侮辱是一种心情，被当作洗温泉澡又是另一种心情，同样的情形也可以有不一样的心情，全看自己怎么想了。

从乡下回到公司后，奥诚良治开始积极地面对生活，不再抱怨生活的不公平，他给自己订下每天拜访100位客户的计划。从此以后奥诚良治发现，他现在忙得连抽烟的时间都没有了，于是毅然地戒掉了烟，成功地成为日本第一位独立销售一万辆汽车的纪录保持者。

同样的情形，用不同的心态对待就会产生不同的效果。积极的人总能看到生活中的美好，而消极的人总是看到生活中的不如意。

人生不如意事十之八九，与其整日抱怨不如积极面对。抱怨既浪费时间，又打击自己的积极性。与其这样，不如放弃抱怨，把抱怨的时间用来开发客户和开展业务。真心投入工作后，你就会感觉不应把时间浪费在抱怨上。

怨由心生，狭隘的心胸总是会生出许多无端的抱怨。抱怨可以让一个人看不到眼前的光明，而局限于眼前的利益；抱怨还可以阻碍一个人前进的路程，让一个人没有更多的时间和热情去干更多的事情，但若把抱怨的时间用在努力奋进上面，一定会有不同的结果。

5. 像对待自己的事情一样关心客户

王永庆16岁时就开了一家很小的米店，当时的顾客对大米粒掺杂米糠、沙子、小石头颇有怨言，但也没有办法，当时技术落后，这种现象很难避免。王永庆却不同，他总是把米中的杂物拣干净再卖，这样一来，王永庆的米店很受顾客欢迎。

王永庆把每一个客户的家庭住址，一家有几口人，一个月吃多少米，什么时候发薪水等情况都记在本子上。顾客的米快吃完了，他就把米给顾客送到家去，等到顾客发薪水的日子，他就再去把欠的米钱收回来。

他把米给顾客送到家，不是直接往人家门口一放了事，他会帮客户将米倒进米缸里，如果缸里还有吃剩下的陈米，王永庆就把陈米先倒出来，再把米缸清理干净，才把新米倒进去，陈米放在上层，顾客可以把陈米先吃掉再吃新米，米就不会因为放得太久变质。王永庆这种处处为顾客着想的举动，感动了不少的顾客，也大大地提高了王永庆的信誉。

从这家小米店开始做起，王永庆最后成为了台湾工业界的"龙头老大"，被誉为台湾的"经营之王"。

王永庆知道想做好生意，就必须得有顾客，想抓住顾客，就要和别的米店做得不一样，就要比别的米店做得好，就要做别人做不到的事。他用实际行动为客户做一些额外的服务，把客户的事当成自己的事，最后感动了客户，赢得了客户。王永庆像对待自己的事情一样对待客户的事情，真心实意地为客户着想，细心周到地为客户服务，他的真诚、细心、周到为他赢得了"经营之王"的称号。

王永庆赢得了顾客，顾客也有了一个可以信赖的买米的小店，达到了双赢的结果。

还有一个人在对待客户的态度上可以当我们的楷模，他就是比达尔——美国的十大王牌销售者之一。

比达尔是一个汽车推销员，每次与客户见面，他都会先替客户着想，好像是自己在买车一样，每一个细节他都预先替客户想到了。

他会把客户在开车时喜欢收听的收音机波长记下，在交车前偷偷把新车的收音机调到同样的波长；他会用自己的电脑为客户制作一些诸如结婚相册等有纪念意义的小册子，作为礼物送给客户；他在了解到客户有亲人去世后，甚至还会制作光盘送给客户，里面有照片、颂词及音乐。

很多顾客买车只考虑到比达尔那里买，因为他们相信他，觉得在他那里买简直就是享受。

正是比达尔的这些小的细节，拨动了客户的心弦，让客户的心如冬日里照射进来了一缕阳光，温暖而又灿烂。

像对待自己的事情一样关心客户的事情，是我们每一个销售者都应做到的，真心地关心你的客户，客户也会真心地对待你。茫茫人海，我们每天和不同的人打交道，很难记住几个人，但那些真正帮助过我们的人，我们一定不会忘记。我们的客户也同样每天和不同的销售者打交道，使他们印象深刻的也只有那些真正地去关心他们，把他们的事情当成自己的事情的销售者。

从这些事例中，我们有什么样的启示呢？

◆你应该了解你的客户群，为客户建立一个档案，把客户的基本情况记录下来。例如嗜好、职务、年龄、文化背景以及什么时候该和哪一个客户打电话，哪一个客户还有什么事情没有办好，哪一个客户什么时间该需要什么货物等等，都应该是档案的内容。

◆你应该全心全意地服务于你的客户群。抽出时间帮客户理理货，了解一下销售情况，解释一下销售过程中遇到的问题，祝贺一下客户的乔迁之喜，给客户的孩子过过生日，请客户吃吃饭等等，时常进行一下感情的沟通。这样一来，你和客户的关系会越来越融洽，合作会越来越深入，生意就越做越大。

6. 信心充足才能赢得客户的信任

顶级的推销员都是超级自信之人，他们不仅相信自己的能力，更相信自己的产品能给客户带来相应的价值，所以在与客户的第一次交锋中，他们就可凭着这一过硬的心理素质，推开客户紧闭的心门。

据统计，推销成功的因素中，推销员内心的态度及想法占了80%，其他相关的产品知识、训练教育、时间管理等技巧则只占20%。推销员内心的态度及想法就是其在推销前所应有的心理素质，这种心理素质会极大地左右着你推销的结果，而客户通常都喜欢与才华出众的人打交道，他们不希望与连最起码的自信心都没有的推销员洽谈，而且又有谁愿意与一个对自己的推销能力及产品都缺乏信心的人谈判并购买其产品呢？

下面我们来看一个销售者的表现：

销售者A是一家洗化公司销售部的业务员，当他第一次出门拜访客户时，为了能使自己马到成功，他去了自己比较熟悉的一个商场，他高中时的同班同学B就在那里工作。

来到这家商场后，B热情地接待了他，并将他领到了采购部的负责人那里。谁知这位负责人并不买他们的这层关系账，只简单地同A聊了几句，就一副公事公办的样子递给他一份文件，A接过来一看，竟然是他们商场自拟的一份"采购员谈判技巧"，上面林林总总地列了六七十条怎样应对推销员的策略，而第一条就赫然写着："要把推销员当作你的头号敌人。"

尽管来之前A就做好了受排斥的心理准备，可看到这份"技巧"，他的心理防线完全崩溃了。随后，他只是不着边际地与这位负责人周旋了几句，就狼狈地退了出去，也没再跟B打招呼。他心里想：要是早知道有这么一份"技巧"，他就不会来这儿了，更不会来找B，甚至他对自己选择做推销这个职业也产生了怀疑。

我们可以很清楚地看到，A的推销之所以会以失败而告终，就在于他缺乏必要的自信心，没有做好跟类似的客户打交道的心理准备。所以尚未过招，他就首先被对方凌厉的气势吓倒了。

对于许多推销员来说，每一次与客户的见面，都是一场没有硝烟却异常"残酷"的心理战，被拒绝犹如家常便饭。可是我们也应明白，合作是一种双赢的事情，并没有什么见不得光的，只要我们坚信自己的产品能够给客户带来相应的利益，坚信做销售是一件自豪的事情，我们就有可能说服客户买产品。

下面，我们来看一下世界上伟大的推销员乔治·赫伯特的推销故事：

布鲁金斯学会以培养世界上杰出的推销员闻名遐迩。它有这么一个传统：在每期学员毕业之际，设计一道最能体现推销员能力的实习题让学生去完成。

克林顿执政时期，他们出的题目是：请把一条三角裤推销给现任总统。八年过去了，无数个学员费尽了心力却毫无成效。布什上任后，他们又将题目换成：请把一把斧子推销给布什总统。

由于有前车之鉴，许多学员都知难而退。有的学员还认定，这道毕业实习题的结果仍会和之前一样，因为总统什么都不缺，即便缺什么，也无须他亲自来买，就算他会亲自买，也不一定正赶上你去推销的时候。

可后来有一个人做到了，他就是乔治·赫伯特。他向记者讲述了自己的推销过程："我认为，把一把斧子推销给布什总统是完全可能的，因为布什总统在德克萨斯州有一处农场，那儿种了很多树。于是我给他写了一封信，说：'有一次，我有幸参观您的农场，发现种着许多矢菊树，有些已经死掉，木质已变得松软。我想您一定需要一把小斧子，但是从您现在的体质来看，小斧头显然太轻，因此您仍然需要一把不甚锋利的老斧头。现在我这儿正好有一把这样的斧头，它是我祖父留给我的，很适合砍伐枯树。假若您有兴趣的话，请按这封信所留的信箱，给予回复……'最后布什总统就给我寄来了 15 美元。"

后来，布鲁金斯学会将刻有"最伟大推销员"的一只金靴子赠予了乔治·赫伯特。

无论做什么事情，自信是成功的第一步。正是乔治·赫伯特的自信才赢得了布鲁金斯学会的首肯，而乔治·赫伯特销售成功的秘密也正是源于他的自信。销售需要自信就像鱼儿离不开水、鸟儿不能没有翅膀一样，试想如果连你都不相信自己，又怎么会让客户对你所销售的产品放心呢?

自卑是成功的"绊脚石"，而自信则是成功的"敲门砖"。自信是一种积极的心理暗示，俗话说:"自信则人信之。"一个时时充满自信的人，更能取得别人的信任。推销员只有对自己信心十足，才能打动客户，使客户对你产生信任，而信任则是客户购买你的产品的关键因素。

7. 耐心是成功销售的制胜法宝

做销售并不是很容易就能把东西卖出去，所以销售中的耐心很重要。开发新的客户需要耐心，维持老客户也需要耐心，在与客户接触的过程中更需要耐心地进行沟通，耐心地解决各种各样的问题，这个过程要花费大部分的时间和精力，并且不一定就能取得理想的结果。

许多销售者经过一番艰苦努力之后见不到成效，便灰心丧气甚至半途而废，其实胜利的机会就在接下来的坚持之中。

有一天，高木来到一家机电公司推销复印机，见到了公司的业务主管，主管认真地听了高木的产品介绍后，让高木拿一份图纸给他看，主管看过图纸后，又提出了新的要求："请把使用过这种复印机的单位名单，让我看一看可以吗？"

高木非常耐心地把名单递给了主管，主管又让高木为他算成本，高木就不厌其烦地把成本给他算了算。就这样，高木每次去见主管，主管就有新的要求，就是不提购买的事。

就这样两个月过去了，主管竟然要高木请他的社长来一趟，高木猜不透主管究竟要干什么，但他还是按客户的要求，把社长请去了。一起吃饭的时候，这位主管感慨地对社长说："高木先生太了不起啦。我干了这么多年，见过很多的推销员，能完全按照我说的要求办到的，只有他一个人！"从那以后，这家电机公司所有购买复印机的业务，都交给了高木。

客户要选择一个好的供应商不容易，需要考察筛选，优中选优。在这个过程中，除了要具备专业技能外，有无耐心有时就成了决定成败的关键。对于客户来说，谁也不愿意和一个没有耐心、禁不起折腾的供应商合作。禁得起折腾不但可以证明你的实力，而且可以反映你的真诚和信誉。

在双方合作的道路上会出现各种各样的问题和困难，一个销售者如果没有足够的能力和耐心，怎么能够很好地去解决合作过程中遇到的各种问题呢？缺乏耐心不但会使公司的客户流失，业务员自身的业绩也会受到影响。

真正的客户是从挑剔开始的，满口说好的客户有的是骗子。精明的客户总是不会马上和销售者达成合作，而是要经历一个漫长或曲折的筛选过程，所以销售者在面对一些"刁钻"的客户时，不要轻易放弃，要尽量从各方面去满足客户的需求，不嫌烦。

创造性销售大师——戴夫·多索尔森，为了向一个生产家具的客户推销他的广告创意，花费了整整52周的时间。

他们第一次见面，客户就说："我对你的计划一点都不感兴趣，你不要白费工夫了。"

但戴夫·多索尔森并没有放弃这个客户，他每周都拿一个新的创意到客户那里，耐心地对他讲解15分钟，时间一到他起身就走，虽然客户总是不满意，但他着魔似的醉心于此事。

他参考了很多方面的知识，还请教了不少人，又结合这个家具厂的实际，最后终于制作出了一个奇妙的创意。那位难缠的客户看了他送去的录像带后，也终于说了声："好吧，我同意了。"戴夫·多索尔森用耐心做成了这笔生意，得到了丰厚的利润。

销售需要耐心，需要坚持不懈地努力。没有一蹴而就的生意，太轻易得到的大多都是昙花一现。

戴夫·多索尔森耐心地从各方面了解客户的需求，长时间地用心沟通，不急于求成，用耐心和实力打动了客户，最后把不可能变为了可能，成就了一桩生意，留下了一段佳话。

销售不光是销售产品，更主要的是让客户了解你的产品、你的为人，这需要长时间耐心仔细地做工作，客户只有对你的产品和为人有了充分的了解，产生了完全的信任之后，才有可能合作。

那些第一次与客户见面，就奢望客户大批量订货的想法是不现实的。第一次被客户拒绝就彻底否定客户，这样的做法不但不会给你带来成功，还会断送前途。心浮气躁、浅尝辄止的人做不了销售，耐心才是成功销售的制胜"法宝"。

第二章 没有完美的销售模式，只有不懂得销售的人

——找准客户的软肋

THE PERFECT SIGNING

OF THE SALES

PSYCHOLOGY

1. 适时用点恭维语，让客户"飘"起来

人际关系专家卡耐基曾说："被人认可，感觉自己很重要，是人区别于其他低级动物的主要特性。"

林肯说："每个人都希望受到赞美。"无论是谁都期待别人的褒奖和赞美，因为没有什么话比赞美更令人神清气爽了。当然，客户也不例外。美国商界奇才鲍罗齐曾说过："赞美顾客比赞美你的商品更重要，因为让你的顾客高兴，你就等于成功了一半。"所以，作为销售者要适时用点恭维语，让客户"飘"起来。

通常来讲，销售绝不是金钱与商品的交换，它更是销售者与客户的心灵碰撞，因此，销售时多一分赞美，销售之路便多一分成功。俗话说"送人玫瑰，手有余香"，赞美客户也是如此。

美国著名大作家马克·吐温的《傻子出国记》中有这样一个小故事：

有一对夫妇结婚好多年了一直没有孩子，为了寻找心灵上的安慰，太太养了几只小狗，把它们当作孩子般疼爱。有一天，来了个推销员，小狗们很开心地在他跟前绕来绕去，但他却把小狗踢到一边，这使得太太很生气，根本不可能有心看他的商品。

又有一天，先生也刚下班，太太很兴奋地迎上去说："你

不是要买车吗？我已经跟一个车行的人约好了，星期天那个汽车公司的人就来洽谈。"先生一听便火起来了："我之前是说过要换车，但没说现在就买，你为什么这么急，也不和我商量一下？"追问之下才知道，那个汽车推销员也是一个爱狗之人，看到他家可爱的小狗大加赞赏，说太太真有眼光，养了这么漂亮的狗。

一通话夸下来，这位太太不禁飘飘然起来，以为自己拥有了世界上最好的狗，于是她情不自禁地对这个推销员产生了好感，还把人家请进家里细谈，并很快答应他星期天来跟她先生面谈。

就这样，星期天这位推销员果然又上门来了，对狗又是一番赞美。生意成功了。

赞美是世界上最华丽的语言，适度的赞美不但可以拉近与客户之间的距离，还能令客户打开心扉，从而促进销售的顺利进行。虽然这个世界上充满了矫饰奉承和浮华过誉的赞美，但是人们仍然非常愿意得到别人发自内心的肯定和赞美。从心理学角度来说，得到别人的赞美是心理上的一种满足。

在实际的销售中，要适当地赞美客户但也要足够真诚，只有这样客户才会相信你，否则会认为你是在虚伪地恭维他，所以赞美客户也要分适当的场合和具体的对象。

有人把赞美视为说话的一种艺术，首先，作为一个销售者要明白，了解顾客的背景和喜好才能"拍对马屁"。恰到好处的赞美是人际关系最好的润滑剂，当然了要想成为赞美高手，做销售的不能不练就一双明察秋毫的好眼力。"人情世故"四个字，对于从事服务业的人来说非常重要，比如当得知顾客家有喜事的时候，当然要表示一番言语上的道贺，最好是以实际行动表示祝福，如果服务做得周到，引起顾客的好感，那么这单生意基本也就做成了。

面对新客户时，最好别轻易过分赞美，毕竟贸然的赞美会令人对你的真诚产生怀疑，进而把你的赞美当成"拍马屁"。这时，一个真诚的礼貌问候再好不过了，当经过一段时间的交流之后，彼此熟悉了，戒心减弱了，适当的赞美就能起到恰到好处的作用。

面对老客户，销售者要特别留意客户的服饰、发型、心情等变化，并及时献上你的赞美，效果将相当明显，同时，最好根据具体问题、事件、细节等进行深入赞美，这样显得真诚。成功的销售者能让客户自觉购买产品，还不断地说感谢话。

没有人会拒绝赞美，很多客户最后都是被这些赞美打动了心扉，但是在销售的过程中，赞美也应该遵循一些原则：

（1）切中客户要点。恰到好处的赞美要有好的理由，没有理由的赞美就是凭空奉承，会遭人厌恶。所以，赞美客户时要找准客户的一个点，然后再用充分的理由去赞美客户，这样的赞美客户才会感到认同，也容易接受。可以直接深入客户的内心，让他们没有理由拒绝，即使有的是谎言，客户也不会主动拆穿它。

（2）客户的优点要属实。赞美时要充分确定客户的这个优点是事实，否则越多的赞美，就受到越多的憎恶。客户的优点可以从多方面去寻找，比如，家庭、事业、外貌、言谈等，赞美要围绕这个优点进行发散，只有这个优点确实是客户所具有的，客户才会欣然接受。

（3）赞美要适度。适度的赞美才显得真诚，所以赞美的言语要适度，不要刻意夸大，否则客户会觉得赞美变了味道，不能心安理得地接受。

（4）自然地表达。赞美客户时要自然而然地表达出来。如果文采飞扬地赞美客户，会给人一种夸大的感觉，这时你的赞美也将大打折扣。所以，还是自然平实地表达出来比较好。

2. 学会吊住客户的"胃口"

俗话说："好奇害死猫。"没有人能抵挡得住好奇心的诱惑，人们一旦对某种事物产生了好奇心，心里就会按捺不住地想要一探究竟。

2014年年底，贺岁档电影《匆匆那年》上线热映。电影采用了倒叙讲故事的方式，首先为观众制造了一种吊胃口的感觉：故事一开头，影片主人公陈寻说他为了一个女孩在高考时少做了一道13分的大题，这时观众心中的疑问就来了，为什么呢？他是为了谁才这样做的呢？

剧情一转，第二天早上，陈寻和"90后"女孩七七同宿一室，疑问又来了，他们怎么会在一起？究竟发生了什么事？为什么这部主打青春题材的片子这么看重悬念，一直在吊观众胃口？

其实，它就是要通过设置悬念吊胃口，然后通过突如其来的一笔，揭开人们已经结痂的伤口，让观众再次感受到当年纯纯的爱和不能坚持走到最后的遗憾。只有这样，人们才会愿意看下去，票房才会大卖，也间接影响着影片的口碑。

作为销售者，同样可以利用客户的好奇心去吊住客户的"胃口"。从心理学角度来说，好奇心是一个人产生某种行为的基本动机之一，所以销售者可以利用客户的这种行为动机去引起客户的注意，从而吊住客户的"胃口"，达到成功销售的目的。

美国百万圆桌协会终身会员约翰·沙维祺是畅销书《高感度行销》的作者，他曾被美国牛津大学授予"最伟大的寿险业务员"称号。一次他打电话给美国哥伦比亚大学教授强森先生，他是这样开始自己的谈话的——

为什么史密斯婆婆妈妈的话会产生那样好的效果呢？因为他的话吸引住了听众，也说到了听众的心坎上，喊出了技术员的心声。

当然，个性化的语言也该注意以下几个问题：

（1）说话之前要充分了解客户，有针对性地说话，否则只会事倍功半，还可能招来客户的反感。

（2）先察言观色一番，充分了解读懂客户的心理状态，并在说话中及时调整说话策略，顾及客户的心理感受。

（3）语言要真诚，否则只会让客户感到怪异，无法起到应有的效果。

（4）用标志性动作招揽客户。

标志性的动作不但能吸引人，更具有魅力，如英国首相丘吉尔"V"字型手势让人印象深刻。其实，通过观察，我们会发现人们在交流时会有很多表情惊人地一致，比如喜欢嘴角斜向左或右，而且一旦在一起后，两个人会不由自主地向有标志性动作的一方模仿，从而让双方有种心理上的认同，进而拉近关系。

那么我们该如何培养自己的标志性动作呢？

（1）经常观察别人的行为习惯，然后加以模仿，当然要避免死搬硬套，不要学得四不像，让人有种东施效颦的感觉。

（2）要根据自己的行为特点来自我设计一种标志性动作，然后在朋友面前尝试，让朋友指点。

（3）之所以成为标志性动作，是因为标志性动作是经过长期坚持的结果，所以要对一种合乎大众口味的标志性动作进行长期坚持，直至形成一种习惯动作。

3. 谁都喜欢额外的"收获"

面对多种物品选择时，人们会做出什么样的决定呢？相关心理学家做过一个有趣的实验，具体如下：

实验地点：学校；对象：学生；物品：饮料。

第一组实验，实验人员在某学校食堂为同学们提供两种饮料，一种饮料是每瓶3元，而另一种是每瓶1元。通过观察发现，有79%的学生购买了品质更高的3元饮料，只有21%的学生选择了看起来质量差但是便宜的饮料。

第二组实验，第一种饮料卖2元，而第二种饮料免费。从价格上算起，两者都是节省1元，但是学生们的选择结果却与第一次实验的结果大相径庭，超过90%的人选择了免费饮料，而放弃品质更好的饮料。仅因为免费，大部分人放弃了品质更好的产品。

第三组实验，第一种饮料的价格调整为1.5元，而另一种饮料仍免费。但是这次结果与第二次实验相比，并没有发生质的变化，大部分人仍然选择免费饮料。

从这三组实验中，我们可以得知，在产品面前一部分人追求品质，一部分人更注重物美价廉，而贪图便宜的心理直接引导了大多数客户的购买意向。在销售中，我们经常看到很多销售者采取免费体验或分发免费东西的方式招揽客户，而且屡试不爽，这充分说明了客户都喜欢额外的"收获"。"将欲取之，必先予之"，很多商家就是抓住了客户的这一心理特点，轻而易举地让客户掏了腰包。

让利于客户，利用人们爱贪图便宜的特点来做宣传推广以及销售，已成为销售行业中屡见不鲜的现象，这也体现了人们常见的一种心理倾向，现实生活中，一旦听到打折或是促销的信息，消费者就会争先恐后地购买。很多人对便宜商品都趋之若鹜，所以，销售者若能恰切地利用客户的这种贪便宜的心理，势必能给销售带来意想不到的成效。

众所周知，2003年淘宝网刚诞生时的最大对手是eBay易趣，经过数次的较量，淘宝网最终完胜对手，逼得eBay易趣不得不退出我国市场。淘宝网制胜秘诀之一就是马云放出来的狠话：淘宝网给大家免费使用三年。

马云的话一放出来就引起了轩然大波，这意味着淘宝网所有费用一切全免，而且是连续三年，不收费淘宝网就不会有收益，全靠阿里巴巴在B2B领域赚得的利润养活。这时马云对外界解释说："中国的C2C市场还处于市场培育阶段，免费模式更利于跑马圈地。"对于这种模式别说外人，就连阿里的竞争对手eBay易趣都不理解，因为人人都知道网站需要投入很多人力、财力、物力，每天要烧掉很多钱！

有许多业内人士也说这是多么不靠谱的路，马云不是疯了就是傻了，他们都在一旁猜测淘宝网能撑多久，阿里要赔进去多少资金。一年之后那些等着看马云热闹的人就都失望了，根据艾瑞咨询2004年度调查报告显示，易趣的注册用户约为950万，淘宝网的注册用户约为400万，尽管后者还不到前者的一半，但增长速度很快，后劲很足。

到2005年第一季度，淘宝网的成交额就已经后来者居上了。易趣的成交额约为1亿美元而淘宝约为1.37亿美元，淘宝成功超越易趣成为国内最大的网上拍卖市场。至第四季度，淘宝累计成交额达到30亿人民币，注册用户突破1390万，把eBay易趣远远地甩在了身后，此时的易趣早已追悔莫及。

对于今天淘宝网所取得的成绩，雅虎总裁曾鸣曾用"大舍大得"来形容马云的战略选择。因为有舍才有得，关键时机舍得投资、舍得"烧钱"、舍得自己先不赚钱，马云才成功实现了"跑马圈地"的目标。这也和马云始终坚持的想法一脉相承："淘宝要真正赚钱，我还是这句话：要开始考虑赚钱的时候，是你帮别人真正赚到了钱的时候。"

人们都喜欢用最少的钱买更多的东西，没人会拒绝物美价廉的商品，这也是人们爱占小便宜的心态。这里所指的占便宜，指的是顾客总是希望自己与众不同，能够拿到比其他顾客更低的价格，或是以相同的价格拿到更优质的产品，其实，大多数顾客并不喜欢便宜货，他们喜欢的是占便宜。

商场中的众多商家正是利用客户的这种爱占便宜的心理赢得了丰厚的利润，我们经常会见到，很多商家在客户砍价砍到不降价就不买的地步时，就会说"今天你是第一单，算是我图个吉利吧""好吧，快要下班了，我就卖给你，也算给我做个广告""我这是进货价，别告诉你身边的朋友这衣服是在我这买的"等此类语言，于是顾客就会以为自己赚到了优惠价，高兴地买走了商品。这种情况很常见，精明的商家总能找出借口卖出东西并让客户感觉占了便宜，很多客户也并不一定是真的对价格有异议，有时也只是想让商家降价来弥补内心占到便宜的心理。

可见，恰当地利用客户爱占便宜的心理，能促进商品的顺利出手，这时也应该注意以下几个方面：

（1）向客户传达优惠并不是天天有，路过不要错过。既给客户一种占便宜的感觉，又要给客户施压，从而有种"机不可失、失不再来"的感觉，让客户顺利地掏腰包。

（2）利用客户的心理是为了获利而非欺诈。因此，在使用这种方法的时候，要给客户创造真正的便利和实惠，从而达到双赢的目的，否则不仅会伤害客户，还会损害自己的声誉，这样只会得不偿失。

（3）运用这种方式时要讲究方式和分寸，既要满足客户的心理又能盈利。

（4）说话的时候要柔中带刚，让客户理解自己的苦衷，然后再给客户一点甜头，这样交易也就顺其自然了。

4. 敲定犹豫不决的客户

在实际销售中，我们会见到很多这样的客户：明明想买却总是犹豫不决，左顾右看迟迟不能下决定。对于这样的客户，销售者如果不能正确地处理和解决，就会白白浪费口舌，还可能就此造成客户流失。

客户在购买产品时，之所以拿不定主意、左右权衡，通常是因为这件产品还无法完全满足其需求，同时，产品的质量、使用期限、价格等因素也会影响最终的购买。客户对产品有疑虑、无法做出正确的判断，这种情况都是很正常的，因此，销售者应该把握住客户的购买倾向，主动提出合理的购买建议帮助客户做决定，从而敲定犹豫的客户实现成交。下面给大家讲述一个案例：

> 保险销售者小赵有一个刘姓的客户，那位刘先生一直专心于自己的工作，对理财和保险不感兴趣，每当小赵向他谈保险时他都置之不理。
>
> 一次偶然的机会，小赵通过刘先生的苦恼引出了保险业务，也得到了刘先生的认可，又顺利洽谈到了保险计划，但是，麻烦又来了。刘先生说："这个计划我倒是没有异议，不过我最近要出国，所以这个保险只能等我回国后再办了。"
>
> 小赵听后，觉得有些遗憾，但他仍不放弃，接着说："刘先生，保险嘛，早一天办，就早一天得到保障，对您和您的家庭都很有利，不是更好吗？"刘先生面有难色，说道："可是，我现在急需一笔钱出国啊，手头上没有那么多余钱购买保险。"
>
> "刘先生，我知道您的难处，出国考察很重要，但如果现在办好，出国也有保障。钱不多没问题，你可以先交一个月的保金，其他的等回国后再交也行。"刘先生一听，稍稍想了一

下就高兴地答应了。

一切事情就绪，只等明天来收保金了。但是，麻烦并没有结束。

第二天一大早，小赵就接到刘先生的电话："昨天因为保险的事还和妻子发生了争执，妻子要回国后再办，我也很抱歉。"小赵一听，觉得事情有点不好办，毕竟是因为保险引起的事情，他立刻决定当面向刘先生道歉。

一进办公室，刘先生就开始向小赵道出了难处。小赵先表示了认同，然后道了歉，并说："不过，这份保险不但为您妻子，还为您的孩子和您自己呢。"

刘先生点着头认同，但是也表示了无奈。小赵接着分析说："刘先生，您是否只注意到您妻子的看法，而忽略了儿女的看法？而且您也忽略了自己的愿望，您不是说过要全力培养孩子吗？这一点钱也不会影响您出国呀！"

刘先生犹豫了一下，然后微笑着当机立断道："好吧，现在就办！"

可见，客户在犹豫时就说明是有购买的欲望和意向的，并非拒绝购买。客户犹豫不定时，推销员只要选用得当的说服方式，站在客户的立场考虑问题，交易基本就在掌握中。

那么我们该尝试什么样的方法呢？面对客户的犹豫不决，销售者要设法弄明白客户是否有决策权，确定之后找决策人商谈，如果对方是决策人，那么我们再探究客户犹豫不定的原因，进而有针对性地一一分析，破解客户的疑虑。

寻找客户犹豫不决的原因：通常情况下，客户犹豫不决的原因主要在产品的质量、款式、价格等几方面，因此有的会故意挑毛病，瞻前顾后、举棋不定。从心理学角度分析，这种客户在心理上存在认知障碍，即对产品缺乏专业的知识和经验，因此表现出不确定这种表现，具体原因主要有以下两点：

一是曾经的情绪刺激。俗话说："一朝被蛇咬、十年怕井绳。"这类客户可能以前在购物的过程中上过当、受过骗，所以一旦遇到同类产品，便会产生条件反射。

二是性格决定态度。通常而言，客户之所以犹豫不定是因为这类客户的性格是偏向稳重、小心谨慎的，因此，他们在购买产品时会仔细比对相关产品的性能、质量、型号和售后服务等各个方面，直到各方面都满意了才会下定决心，是标准的理智型购买者。

因此作为一个优秀的销售者要善于通过客户的表现做出判断，然后根据客户的不同原因采取不同的引导措施，让交易顺利进行。

首先，要消除客户的犹豫心理。客户的犹豫不定说明客户并没有完全否定该产品，所以销售者要做出以下表示：

（1）表示出足够的耐心，给客户足够的时间去对比，千万不可强逼客户马上做决定，否则会激起客户的逆反心理，进而拒绝购买。

（2）给予客户积极肯定的暗示，帮助客户消除疑虑。

（3）保持真诚的态度，让客户相信你的人品，进而获得客户的认可，急躁的催促语气只会把客户赶走。

（4）热情周到的服务，让客户舍不得离开，这是制胜的砝码。

其次，帮助客户做决定。一旦了解到客户已经对产品有了一定的了解后，就可以适当地帮助客户做出决定，毕竟有些犹豫不定是因为客户的性格所致，如果一味拖延只会助长客户的疑虑，这时，我们不妨制造点紧张的气氛，比如，做整理物品准备离开的动作，或提醒库存的不足给客户造成紧迫感等。

5. 投其所好才能拢住客户的心

销售不是销售者一个人的事情，再有能力的推销员也要找到销售对象才能销售产品。作为销售者，如果只顾着自己侃侃而谈，不顾及消费者的心理，其结果是可想而知的，我们需要注意客户的好恶，投其所好才能使销售顺利完成。

良好的沟通是销售的基础，如何把交流变得和谐是销售的关键。毕竟人们的心理特点、性格脾气、生活习惯等各有不同，所以，不能用统一的方式与客户交流。要学会投其所好、因人而异地进行沟通，这样才会有好的效果，否则的话，结果就会是一拍即散，销售也就无从谈起。

伊斯曼是柯达胶卷的发明者，这项发明为他带来了巨额财富，也使他成为世界著名的企业家。有一段时间，伊斯曼为了纪念他的母亲，决定要建造一所音乐学院和一座剧院，纽约座椅公司的董事长詹姆斯·爱德莫生希望能取得建筑内所有座椅的订单。

爱德莫生就先预约伊斯曼，当他被带进办公室时，伊斯曼正低头翻阅一些文件，他抬起头摘下眼镜说道："你早，能让我给你帮什么忙吗？"

爱德莫生环视了一周说："你的办公室真漂亮，如果我有这么棒的办公室，我会尽心尽力的，你知道我是个经营木材生意的人，但在我一生中，还从没有见过这么雅致的装潢。"

伊斯曼道："是吗，要不是你提醒，我还没好好留意过。这办公室确实不错，当我办公使用时，心里就很高兴，现在因为事情比较忙，我几乎没空慢慢欣赏这个优美的建筑，只是习惯性地每天坐着办公。"

爱德莫生站起来摸着窗框说："这是橡木做的吧。"

"是啊！那是从英国进口的，我朋友特地为我挑选的。"然后，伊斯曼还带他参观每一项设计，并谦虚地请他也为社会谋点福利，兴办一些学校或救济儿童，还拿了一些纪念照片给他看。

伊斯曼认真地说起他童年时上学直到工作的往事，他们聊得很投机，转眼两个小时过去了……最后伊斯曼对爱德莫生说道："我以前买了些椅子回家，椅子在阳台上被晒褪了颜色，于是我又买了些油漆自己上色。你愿意来看看我的那些椅子吗？那就到我家吃午饭吧，我拿给你看。"

爱德莫生欣然答应了，午饭后，伊斯曼先生把从前买回来的椅子拿给爱德莫生先生看。其实那些椅子并不贵，但是伊斯曼先生很自豪，因为油漆是他自己刷的。

就这样，爱德莫生投其所好成功争取到了伊斯曼所有的桌椅订单，不仅如此，他们还成为无话不说的好朋友。

其实，在爱德莫生的推销生涯中，这样的经历屡见不鲜。大多数销售者都明白，只有投客户所好才能赢得客户的好感，从而拿到销售的订单。

因为社会地位、职业特点不同，所以人的爱好和需求也会不同。但只要我们认真观察和分析客户，了解了他对这个产品的具体需求，然后再有的放矢地告诉他自己的产品恰恰能满足他的这种需求，销售者就能准确地打中客户的"靶心"。

从许多优秀销售者的经历中，我们甚至可以得出只要你懂得投其所好，你就能成为销售冠军这样的结论。事实上，爱德莫生在与客户交谈中之所以谈论办公室的装潢、窗框，以及客户的一些童年旧事甚至是椅子，就是为了拉近销售者与客户之间的心理距离，让客户对销售者产生好感，从而让客户有种"自己人"的感受，甘心情愿地签下订单。

约翰逊创办《黑人文摘》时，就一直秉持着投其所好这样的业务观念，这也是他成功的秘诀之一。每当向客户推销自己的杂志时，他从来不忘强调双方共有的价值观、希望和抱负，并积极拥护客户所特有的价值观。为此，在拜访客户的时候，他会做好充分的准备，即使交谈可能只有 5 分钟，他也会耗费好几周的时间，去调查客户的兴趣爱好、气质、性格、志趣等，做到心中有数，从而有的放矢，不浪费客户一分钟时间，同时也保障了自己的效率。

投其所好在某些方面并非一个褒义词，但是良好的沟通是销售的基础，如何把交流变得和谐是销售的关键。毕竟人们的心理特点、性格脾气、生活习惯等各有不同，不能用统一的方式与客户交流，所以要学会投其所好、因人而异的沟通。为此，我们应该做到以下几点：

（1）探查客户的心理需求差异。什么话最中听？说到客户心里的话才最动听，如果不着边际地侃侃而谈，不如闭口不言。

（2）不忘年龄的差异。作为销售者，每天都要面对不同年龄段的人，为了创造和谐的交流环境，就要学会说不同年龄段的话。例如，小顾客不喜欢大人说他小；年轻人更喜欢别人评价自己有青春活力；中年人更喜欢被人称赞事业有成；老年人更喜欢被人夸自己精神矍铄。

（3）搞清不同人的兴趣爱好。不同人有不同的爱好，所以谈话方向也自然不同，所以事前要做好调查准备，或是在交流中寻找合适的切入点，只有这样才能事半功倍。

（4）注意性格、性别的差异。通常来说，男人更适合强有力的语言，而女性更适合温婉倾心的语言；开朗外向的人更适合直截了当的态度，而腼腆内向的人更喜欢婉转间接。不同性格和性别的人有不同的语言适用范围，所以，要巧妙地把握不同类型的人，做到见什么人说什么话，否则可能造成难以挽回的伤害。

6. 每个人都有虚荣心，你的客户也不例外

随着人们生活水平的提高，越来越多的人对潮流、名牌、时尚比较感兴趣了，即使自己腰包扁扁也要讲排场……这样的人和事，在现实生活中早已司空见惯。这是人的虚荣心在作怪，当然你的客户也不例外。

虚荣心理是指人们希望自己的身份、地位、财富、尊严、美貌等得到他人认可和赞扬的心理。其实这种心理是一种自我满足，小人物有小的虚荣心，大人物有大的虚荣心，有虚荣心的人自尊心往往还很强，但是由于能力有限，缺乏自信和安全感，所以，他们采取讲排场、摆阔气、与别人攀比等行为来引起别人的注意。这种心理表现在销售上，就是不管买什么东西都追求名牌，追求与众不同，所以作为销售者，我们可以巧妙地利用客户的虚荣心来说服客户。

徐女士以前是一名普通的服装售货员，靠自己的努力经营了一家高档男性服装专卖店。有一天，一个消费者选中了一套西装，但在价格上总是犹豫不定，高档衣服价格肯定不便宜，徐女士看到了这种情形，便微笑着上前说："先生，您是不是在价格上徘徊？这可是名牌西服，不论是用料还是设计方面都是出自大师手笔，价格上自然也会比一般西服贵一些；看您这身打扮，就知道您是一位成功人士，这套西服也特别适合您的身份，相对于您来说，应该也不算贵，像您这样的身份，也只有这样高档的衣服才配得上啊！"

几句话下来，那位消费者的虚荣心就被徐女士紧紧地抓在手里了，他便不再讨价还价，而是笑呵呵地付了账，满意地走了。

还有一次，有位年轻的消费者嫌衣服的颜色太深，挑来挑去不想买了。徐女士脑子一转，马上迎上去就说："颜色深显得

成熟老练，看你就是职场老手，要知道成熟美可是男性'综合魅力'中最耀眼的'闪光点'。刚才已经有好几位大老板买了这个款式和这种颜色。"小伙子听了脸色立马就好了，不住地点头，然后选了合适的款式就付账了。

面子对于很多消费者来说，远远比金钱重要，尤其是年轻人或相对比较成功的人士，所以，只要满足了这些人的虚荣心，生意基本上就手到擒来了，而商家一旦抓住了消费者的这个软肋，成交自然也会水到渠成。

面子消费给予商家的启示是：首先要找到商品的定位，大方向确立之后，再开发适应不同需求、种类的品牌，使消费者的购买具有象征意义而非单纯地购买。在商品经济竞争激烈的今天，使自己的商品拥有个性，具有代表性，不失为一种有力的竞争武器。

一对年轻男女来珠宝店选购首饰，一看就是准备结婚用的，一只价值6万元的钻石戒指被他们看中了，因为价格他们难以接受，所以一直犹豫不定。这时一位服务员对这对年轻男女说："前几天一位领导的儿媳妇就看中了这只戒指。"听完服务员的话，这对年轻男女即刻付了款，高兴地离开了。

对于普通大众来说，6万元的钻石戒指确实很贵，但最后年轻男女却因服务员的一句话买下了，这就是服务员利用了客户的虚荣心达成的。服务员向客户暗示产品的物有所值，并赞赏他们的眼光，从而满足了他们的虚荣心理。

所以说，要想做一名成功的销售者，你就必须要了解客户的心理，满足他们的心理需要，这就需要睿智的您花费点心思去发现客户的虚荣心，进而对症下药。以下几点可做参考：

（1）从闲聊开始，逐渐了解客户的心理需求。当然，从客户的着装也能发现端倪，比如，客户下配牛仔裤，说明客户对时尚很在意；如果是运动系列，说明他们很爱运动；如果客户的发型很前卫，说明他们很在意外表，等等。

（2）在与客户交流时，要给予肯定，多标榜他们，让对方觉得自己与众不同。千万不能随便贬低他们，更不可揭露缺点。

（3）介绍产品的时尚、高端，暗示产品的高层次，让客户明白：拥有了该产品会让他很有面子。

（4）在向客户灌输奉承话的时候，也要掌握一个度，毕竟谄媚是为人所不齿的。

第三章 "上帝"到底在想什么

——破译客户的有声及无声语言

1. 参透客户"心灵窗户"里蕴藏的含义

德国著名心理学家梅赛因说:"眼睛是了解一个人的最好工具,人的眼睛最能袒露人内心的隐秘和激情了。"有首小诗也对此做了诠释:眼睛是心灵的窗口,不会隐瞒更不会说谎。愤怒飞溅火花,哀伤倾泻泪雨,它给笑声增加一抹明亮的闪光。

眼睛可谓是人体中最小和生长变化最少的器官,但它透视出的感情却是极为复杂、微妙的,有时语言显得苍白时,眼睛却能表达。

从眼睛的构造来看,眼睛是人面部最诚实的部位之一。眼睛与脸部其他部位不同,其周围的肌肉更发达精巧,这种防护既能保护眼睛不受伤害,又使得眼部本能的动作反射性很强,能最直观地反映人内心的活动。

眼睛是人心灵的窗户。虽然人的思想不同,但是透过心灵的窗户,我们能看透语言未曾表达的东西,人内心的各种情绪、冲突、烦恼、愉悦,总会不由自主地通过眼神向外流露。

作为销售者,如果能参透客户的心灵之窗——眼睛所蕴藏的含义,对于把握客户的心理状态、了解客户需求也就轻而易举。

1989 年,美国 FBI(联邦调查局)抓到了一个间谍。但是他舍命保护自己的同伙,把所有的罪都揽在自己身上,不供认任何一个同伙。FBI 急需找到他的同伙，他们试了各种软硬兼施的办法，但是这个间谍仍然三缄其口。为此，情报分析师马克·瑞瑟决定从他的非语言行为收集所需要的信息。

FBI 向这位间谍展示了 32 张上面写着与他一起工作过的人的名字的卡片，而这些人中很可能就有他的同伙。然后，FBI 让这位间谍说出每张卡片上人物的情况，其实，他所说的并不重要，毕竟他的回答也不会有什么重要信息，FBI 关注的是这位间谍的非语言行为。当他看到其中两个人的卡片时，他的瞳孔突然放大，然后又迅速收缩并轻微地眯了一下眼睛。毫无疑问，这两个人是他并不想看到的人，这成了捉拿同伙的线索，果然，当对那两个人进行审讯后得知，这两个人就是他的同伙。而那个间谍仍然不知道 FBI 是怎么抓住他那两个同伙的，他并不知道是他自己的潜意识传达给了眼睛，而眼睛的变化被 FBI 看透了。

可见，人的心灵窗户会出卖自己，而这种赤裸裸的出卖可能都不被自己所察觉。所以在销售中我们可以利用客户的心灵窗户去窥探客户的真实内心，从而了解客户的需求，然后制订相应的措施。

那么，作为销售者该怎么去参透客户的心灵窗户里蕴藏的含义呢？以下几点可以作为参考：

（1）客户眼睛闪闪发光，表明对方精神焕发，对会谈比较感兴趣。同时，这也是很难对付的人。所以面对这样的客户时，销售者应该及时地向客户介绍产品，然后再不时地向客户提问，把话题转向客户，从而制订对策。

（2）客户目光呆滞暗淡，表明对产品没有太多兴趣，这时销售者应该用产品的亮点或是其他话题，来引起客户的注意。

（3）客户目光飘忽不定，表明客户正在犹豫，这时销售者不妨给出一些合理化的建议，让客户从中选择，或做出收拾物品准备下班的动作以督促客户快点做出决定。

（4）客户目光忽明忽暗，表明客户是个工于心计的人，这样的客户很难接受销售者的介绍。这时销售者可以适当地把话题权转让给客户，从客户的谈话中找到客户的兴趣点，然后再适时地推销产品。

（5）客户目光炯炯，表明客户是个有胆有识、果敢迅速的人。面对这样的客户，销售者只需把产品的优缺点表明一下，客户自会做出明智的决定。

（6）客户主动与销售者交换眼色，表明这样的客户心地坦率，对销售者并无排斥，只要销售者真诚地向客户介绍，很快就能获得客户的好感，进而完成推销工作。

（7）客户不正视或是有意回避销售者的视线，表明这个客户对销售者的谈话产生了反感，或是此时他内心在挣扎，会言不由衷。所以，面对这样的客户，销售者最好选择一些客户关心的话题，或是迅速地说"今天的谈话到此为止吧，我改日再拜访"这样的话，客户会觉得你通情达理，反而会主动约见与你商谈。

（8）客户习惯皱眉，表明客户是个足智多谋、深谋远虑的人，在做出决定之前会反复考虑一切可能。面对这样的客户，销售者应把谈话的主动权巧妙地转让给客户，只要客户说话了，一切就都好办。

（9）客户睁大眼睛，瞳孔明显放大又变小，说明客户对销售者的谈话或是产品产生了兴趣，这时销售者应留意客户的眼睛，从而捕捉客户的兴趣。

2. 从客户的面部表情判断其心理

人的表情是人心理活动的一面镜子，人的面部表情能向外界传递丰富的信息。心理学家认为：情感表达＝7％语言＋38％声音＋55％面部表情，也许这种说法有些夸张，但是也说明了面部表情与情感表达的密切关系。

表情是人心情的写照，更是一种微妙的沟通方式，因为人在说话时往往都会配合着面部表情。无论对方多么有城府，多么会掩饰，说话时也会有微表情出现，只不过稍纵即逝不容易把握而已。

表情是我们内心的晴雨表，无论对方来自哪里，表情都是当今社交活动中通用的交际手段之一，就像不同的国家、不同的肤色、不同的语言的人，一个微笑大家就能明白其中的善意一样。然而，具有社会经验的人总是故意掩饰自己的表情，因而表情也具有迷惑性和现时性，稍不留心我们就会被那"晴雨表"迷惑，从而做出错误的判断。

正所谓"人心隔肚皮"。若想通过人的面部表情去看透一个人，就可能会被别人迷惑，因为谁也说不准他是不是"笑里藏刀"的人。虽然表情具有隐蔽性，但只要我们善于观察，就能发现人的真实内心。

所以，作为销售者，只要仔细观察、善于思考，就能从表情这面镜子里揣摩出客户签单的希望。倘若不能看穿客户的表情背后的真实心理的话，就只能被动和任人宰割了。就像下面的甲方，就是因为误读了乙方的表情，做出了原本并不需要的让步。

甲乙两个公司在进行商业谈判，甲方首先报出了产品价格，但是乙方却面无表情地沉默了半分钟。

报过价的甲方没有看透乙方到底是满意还是不满意，心想着，对方是不是对价格不满意啊？于是，甲方主动采取了降价的决定，最后，乙方对这个结果非常满意，因为这超出了他的预期。其实，乙方的沉默并不是因为对价格不满，而甲方却因读错了乙方的表情，做出了本不必让步的行为。

可见，看透别人的表情在销售中多么重要，特别是在双方停止语言交流的时候。人是性情动物，感情的流露在所难免，有时候刻意掩饰还会产生不良后果，如果销售者能在销售中参透客户表情背后的真实世界，无疑能在销售中处于主动地位。

那么销售者该如何把握客户丰富多彩的表情呢？以下几点供参考：

（1）看透僵硬型表情的柔软角落。销售中我们经常可以见到，有的客户不管看到什么都显得很淡定，面部没有什么表情。但是无表情并非无感情，此时客户可能在极力压抑内心的感受，但是随着时间的推移，客户的面部肌肉会出现抽动、皱鼻子、眼睛跳动等动作，销售者应学会通过这些微小动作观察客户的心理。当然，这种面无表情更可能表明客户对销售者的谈话持有反对意见，所以要会随机应变，以缓和交谈的气氛。

（2）看透厌烦型表情，寻找客户的兴趣。当客户表情无奈，并伴随叹气、伸懒腰、打呵欠、东张西望、看时间等动作的时候，客户一定是对销售者的谈话产生了厌倦。这时，销售者该考虑转换谈话主题以吸引客户的注意，或及时放出"改日拜访"的信号。

（3）看透焦虑型表情，把话题交给客户。当客户的厌烦型表情没有得到回应，厌烦的心态会淤积成焦虑，并伴随着手指不断敲打桌面、双手互捏、小腿抖动、坐立难安等动作。此时，销售者不妨立刻转换话题，以让客户搭话来转移客户的注意力，从而缓解客户的焦虑情绪。

（4）看透兴奋型表情，顺水推舟。当看到客户聚精会神，瞳孔放大，并伴随着面颊泛红、搓手、轻松地跳跃等表情和动作时，说明刚才的谈话奏效了。这时，销售者不妨抓住机遇，挑明销售目的，激起客户的购买兴趣，进而顺利地完成销售。

（5）看透欺骗型表情，探察其真实情感。如果客户突然变得侃侃而谈，但是没有兴奋性表情，而且语义不连贯，并伴随着下意识地摸下巴、摆弄衣角，或将手藏在背后等动作，说明客户在有意地掩饰什么。此时，销售者应该产生警惕心理，把此时的话题展开或是转换其他话题，以避免客户可能设下的圈套。

表情虽然是晴雨表，但也是比较复杂的，我们应该注意以下几个事项：

（1）人是复杂的动物，而且表情也具有善变性，所以销售者在观察客户时，不能因为单一的表情信息就轻易地下结论。要把客户的语言和动作结合在一起进行综合分析，毕竟一旦做出错误的判断，后果将不是语言能够挽回的。

（2）客户的动作、语气、表情与客户所处的风俗、文化背景和个人受教育程度有着不可分割的关系，所以销售者要具体问题具体分析。

（3）有些客户为了掩饰自己的态度，时常用另外的表情来伪装自己，所以销售者要对客户做语言、动作和表情的三层判断才能得出结论。

3. 从客户手的动作读懂其心理

心理学家弗洛伊德曾做过这样的论断：凡人皆无法隐藏私情，他的嘴可以保持缄默，但手脚却会"多嘴多舌"。也许一个人的生活阅历很丰富，城府很深，很善于掩饰自己的内心，但是他下意识的动作却无时无刻不在背叛他。

古人说：十指连心，足见手部动作与人的心理的联系多么紧密。现代科学研究证明，手是人体中触觉最为敏感、肢体动作最多的地方，手可以感觉到振幅只有 0.00002 毫米的振动，所以观察一个人说话时手的姿势变化，往往能及时捕捉到他发出的各种信息。作为销售者如果能够及时捕捉客户手部的微小动作，就能轻易地参透客户的内心世界，从而牢牢控制客户的心。

我们习惯在说话时下意识地用手比比画画，或者完全用手势来表达感情，当言语不便表达的时候，一个手势便足以胜任任何话语。人类在语言尚未产生之时，身体语言是一切传达信息的工具，当口头语言被广泛应用以后，很多其他身体语言逐渐被忽略，但手势语言仍然被沿袭了下来，足见手部动作的重要性。所以销售者应该耳听八方、眼观六路，敏捷地捕捉客户的细微的动作。

那么，作为销售者对客户的手部动作应该关注了解什么呢？

（1）客户说话时手掌摊开，而且手掌朝上，表明客户很热情，希望继续当前的对话，这时，销售者不妨按话题继续交谈，等待转换销售话题的时机。当然这种姿势也可能是对话题的不赞同，这时销售者不妨让客户把自己的理论说透，认真倾听直至客户说完为止。如果客户对产品的价格、质量、服务等不满，销售者也不必急于争辩，当客户说完以后，销售者可以用崭新的事实加以解释，这样对增强客户的信任也能起到画龙点睛的作用。

（2）客户说话时手掌摊开，但是手掌朝下，表明客户独断，而且支配欲比较强，这样的客户通常不会考虑自己的言语对别人造成的影响。此时，销售者最好不要表现得过于谦卑，否则会丧失谈话的主动权。

（3）客户整只手托着下巴听人说话，表明客户对销售者的谈话已经很不耐烦了，这时，销售者应该适时地转变交流的话题，以引起客户的兴趣。如果客户只是用大拇指撑着下巴，竖起的食指贴到脸颊边，说明客户对销售者的谈话在很认真地倾听，并且在倾听的同时也在认真思考，这时，销售者可以趁热打铁地把谈话的主题转换到销售主题上来。

（4）客户双手交叉，右手拇指在上，表明客户多趋向于理性、现实，但是控制欲强，行动积极。此时，销售者可以向客户直接讲授销售的主题，然后积极督促客户做出决定。相反，如果客户双手交叉，但是左手拇指在上，表明客户多趋向于直觉型、从属型。面对这样的客户，销售者可以向客户多介绍一种较为合理的方案，然后再敦促客户做出决定。

（5）客户往往不自觉地把双手交叉放在胸前，表明客户存有戒备之心。此时，销售者应想方设法地拉近与客户之间的距离，同时不忘给予客户可以预见的小便宜。相反，如果客户摊开双手侃侃而谈，那么表明客户处在一种放松接纳的状态中，这时，销售者大可以放心地进行销售服务。

（6）有时候很多客户会面带微笑地和销售者交谈，但是双手却始终放在桌子下面，表明这个客户对销售者的谈话保有警惕和戒心。此时，销售者不妨以温和的态度向客户谈论销售以外的事情以消除客户的戒心。

（7）客户说话时用手遮住嘴巴，表明这个客户心性懦弱、内向拘谨，很难与别人融为一体。这时销售者可以更加真诚地和客户交谈，让客户的防备心理降低，相反，有些女人喜欢用手背遮住嘴，说明她们对销售者的谈话有好感。

（8）客户说话时用手不断地摸鼻子，表明客户有可能在撒谎，因为人在撒谎时鼻部组织会因充血而膨胀、扩大、发痒，说谎者就会用手不断地触摸。面对这样的客户，销售者可以尽量寻找话题让客户开口交谈，如果客户由不想说到畅谈，说明客户在逐渐真诚。

（9）客户在说话时用手揉眼睛，很可能是因为销售者的谈话令他感到厌烦。这时，销售者不妨适时转换话题。

另外，当客户边听你说话边整理桌子上的东西，或双手很放松，或摸着下巴，那么说明客户对你的谈话很赞同。相反，如果客户在听你说话时手握成拳头状、两手抱在脑后、玩转圆珠笔、轻轻敲打桌子等，说明客户已经对你的谈话持反对态度了，应该适时做好应对。

（10）当客户不自觉地低头玩弄手指或是快速摆手臂，表明客户对销售者的"滔滔不绝"不感兴趣，甚至厌烦。如果销售者对此视而不见，那么销售者将被客户无情拒绝，因此，面对客户的这些动作，我们应该转换一下话题，或是选择让客户发言，然后再根据具体情况采取针对性的措施。

4. 客户的坐姿所透露出的信息

心理学家调查发现，在一个人向外部传达的信息中，只有7%是单纯语言，38%是语气和语调，而剩下的55%则来自于非言语的肢体形态。而且肢体言语是在人们无意识的情况下发出的，因此很少具有欺诈性。

肢体言语，是指使用身体部位发出的动作来表达某些意思。狭义上来讲，我们的潜意识造成了很多动作：赞同时鼓掌、生气时顿足、无法表达时摊手、焦虑时搓手、痛苦时捶胸、懊恼时垂头等，当我们的某种心情达至某种程度的时候，我们的肢体活动会自然而然地表达出来。

很多成语和俗语，如"知人知面不知心""人心隔肚皮""人心叵测"等都是对人心复杂的一种阐释。而在销售中，销售者要和形式各样的客户打交道，如果不能准确地把握客户所传达的信息，往往就不能投其所好、满足客户的需求，进而损失潜在客户。

那么如何参透客户的内心世界，俘获客户的购买欲呢？语言当然是最简单的选择，但是客户往往不会那么轻易地就将自己的真实想法向你表露。那我们该怎么办呢？毫无疑问，领略客户持续不断的小动作，从中领会客户的真实心理。

达·芬奇认为，意志会通过人的姿势和身体语言表现出来，身体语言往往比任何犀利的言辞更能将人的真实意图表露无遗。其实，人的任何微小动作，比如说话时抬高音量、眼睛瞳孔突然变大，都是内心世界传达的一种隐性信息。因此，在日常销售中，销售者要时刻保持警惕，来捕捉客户身体语言所表达的信息。

一位汽车推销员在做客户回访时，看到一位客户的同事在网上看一组汽车壁纸，这位销售者立刻想到了这是一位潜在客户。于是他起了兴致，立刻对这位年轻人说："您可以看一下我们公司最新推出的几款汽车，这是他们的图片和相关资料。"但是，这位客户却立刻站起来，表示自己即将出去办事了。

"不用多久，只需五六分钟就看完了，而且，这些东西你可以留下来慢慢看。"推销员急忙说道。同时，他把一沓汽车图片和资料放在了那位观看汽车壁纸的人手中。

这时，他看到这位客户把目光集中在了这些汽车图片上，而且即将离开的身姿也转向了他，拿起的皮包也放了下来。于是，他看着图片向客户讲解自己的汽车，并对客户反复观看的图片进行了总结，然后针对这位客户制订了销售方案，最终成功地俘获了一个意料之外、情理之中的客户。

可见，只要平时注意观察和思考，就能达到即使客户不说话，也能看透客户内心世界的境界。

一个人的身体语言能反映一个人的心理。据美国纽约曼哈顿心理研究中心心理学家皮艾特教授研究，一个人的坐姿也同样向客户传达了一些隐蔽性较强的信息。

俗话说"站有站相，坐有坐相"，坐姿是一个人长期形成的随性而为的动作，因此，从某种程度上看，坐姿也恰恰反映了一个人的心理。所以在实际的销售中，如果销售者能够根据客户的坐姿，准确地抓住客户的购买心理，无疑会对销售起到举足轻重的作用。

那么，不同的坐姿究竟透露怎样的信息呢？

（1）当面对双腿并拢垂直于地面、腰杆挺直正襟危坐的客户时，销售者可以断定这个客户属于认真严肃、办事周密谨慎型，甚至缺乏灵活性、容易钻牛角尖。这时，销售者说话最好不要太严谨，以便让对方辩解从而引出客户的话题，进而拉近与客户之间的距离。

（2）当面对脚踝交叉的客户时，销售者可初步断定客户对销售者没有完全消除戒备心理。这时，销售者最好想方设法调节环境氛围，站在客户的角度思考问题，为客户着想，让客户在心理上有种"自己人"的感觉。

（3）当面对弯腰低头、小腿缩到凳子下、双手夹在大腿中的客户时，销售者可以断定这样的客户属于自卑且易于接受别人意见的类型。这时，销售者可以用更加温和的语气向客户讲解，然后再给客户设计几个合理的建议让客户自己选择，同时再适当地鼓动客户做出选择。

（4）当面对双腿叉开的客户时，销售者可以断定这种客户大多性格外向主动、不拘小节，可能有支配性的性格，但也有自以为是或虚张声势的嫌疑。这时，销售者应该把话题权转让给客户，做好一个倾听者，时而提问以增强客户的兴趣。

（5）当面对双腿并拢倾斜的客户时，这种客户一般是有修养、庄重的人士；如果客户的身体僵直、手紧紧抓住椅背，说明客户有意掩饰内心的矛盾，这时销售者可以主动向客户谈轻松愉快的事情，转移销售主题以放松客户的戒心。

（6）当客户伸直双腿，销售者可以断定这样的客户多为"直肠子"，但也可能是舒适、放松的表现，若配以身体后仰，则可能表示无所谓、不感兴趣。这时，销售者不妨谈及销售主题以试探客户的兴趣所在，进而进行下一步有策略性的谈话。

（7）当客户跷着二郎腿时，销售者可以断定这样的客户生活比较富足，人际关系比较和谐，但是如果客户加上抖腿，则客户的脾气并非十分平静。为此，销售者可以向客户介绍几种中高档产品，让客户选择，满足其虚荣心。

（8）当客户身体前倾、直视对方的时候，可以断定，这样的客户对销售者的谈话比较感兴趣或是更愿意进一步交流。此时，销售者可以单刀直入，迅速拿下客户。

（9）当销售者面对客户将椅子转过来、跨骑而坐时，可以断定，这个客户比较随便，但是好胜心比较强。此时，销售者不妨态度更加谦虚以满足客户的虚荣心。

（10）当客户双手交叉放在脑后，身体后仰，而且一腿搭在另一腿上时，可以断定，这个客户对销售者的谈话不感兴趣。此时的销售者不妨转换话题，让客户开口，以便寻找客户的需求，要知道满足其需求才是突破口。

（11）当面对的客户托腮侧坐时，这个客户可能是在认真倾听，也可能是在质疑销售者的谈话。此时，不可轻举妄动，先核实状况再做下一步打算。

（12）当面对大腿并拢、小腿分开、脚尖呈"内八字"的客户时，可以断定这种客户稍显内敛、内向，比较注重别人的看法。此时，销售者不妨多多鼓励和赞美客户，以拉近与客户之间的距离。

（13）当面对两脚并拢、脚跟着地、脚尖抬起的客户时，此时客户往往持观望态度，除非客户做了十成的把握，否则不会轻易做出决定。如此一来，销售者不妨给客户更多意见，让客户自己定夺。

美国的心理学家经过长期的观察和研究发现，坐姿会透露出一个人的心理秘密。但是照本宣科地运用还是欠妥的，需要我们具体问题具体对待。

第一，在与客户交流时，要了解客户所在地区的风俗习惯和文化内涵，做到具体问题具体分析，切忌"一刀切"。

第二，在拜访客户之前要对其进行详细的了解。很多经验丰富、城府深沉的客户具有强烈的反侦查能力，他们往往会故意隐藏自己的情感、用个人动作来迷惑销售者。所以销售者要注意客户其他细微的动作，以便识破客户的伪装，从中参透客户的真实心态。

5. 看透并应对不同类型的客户

有位部门经理，为人沉默寡言，无论销售者向他介绍什么，他总能淡定沉默。从语言角度判读，无法判定他是一位中层领导。

面对这样软硬不吃的经理，与他交涉销售事宜简直是无从下手。那么如果像对待其他客户那样，结果只会得到"好，我会考虑的"，然后就把你打发了。但是，若能看透这类客户其实就是一个职场"老油条"，是个见多识广的主，也是个难缠的主，那么你就可以有针对性地调整自己的销售策略了。

如果不能看透不同类型的客户，对所有人都"一刀切"实施相同的销售方案，那么就难以把握客户的心理，就会事倍功半。所以，销售者要善于从客户的有声语言和无声语言中对客户进行有效的判断，然后有针对性地设计合适的方案，才能事半功倍。下面简单介绍几种情况，销售者可做参考。

（1）面对言辞简单、举止无礼、态度傲慢、目光傲视的专断型客户，销售者可以采取顺从态度。因为这样的客户有自己的观点，很少听从别人的意见，他们往往以个人为中心，总想让别人按照自己的方式做事，不希望被否认。为此，销售者可以巧妙地变换主客关系，把话题的主动权让给客户，让客户尽情发挥，从而适当地引导客户用自己的观点判断和选择产品。

同时，专断型客户不喜欢销售者的某些常规性推销言辞，他们的逆反心理特别强烈，销售者越是热情周到，客户越是觉得你是在欺骗他。所以，针对这样的客户，销售者最好采取顺从合作的态度，交谈时由对方决定时间、地方等，交谈以简洁为主，委婉地提出自己的意见。

（2）随和型的客户，他们往往言辞比较温和，态度比较友善，目光比较平缓。当销售者与这种类型的客户交谈时，要有足够的耐心，让对方彻底地对产品的性能、后期服务等问题有个完整的了解，然后给客户一个比较合理的购买方案，再等待客户提出问题。因为这样的客户往往比较慎重，所以要给客户足够的时间消化，然后再针对客户的问题进行专业的指导。

（3）面对爱炫耀的客户，销售者可以采用赞美的方式满足其虚荣心。当然，赞美要适度，要切实可行，不然会引起客户的怀疑。

（4）一些客户对产品的参数如数家珍，对销售者和产品要求比较高，而且比较冷静沉着，这样的客户属于精明型。毫无疑问，这种客户对产品了解得比较充分，所以他们不容销售者弄虚作假，因此，用真诚消除客户的疑虑，拉近与客户之间的距离，这样销售也就顺其自然地成功了。

总之，与精明型的客户打交道，不可操之过急，要用真诚的举止打动客户，建立一种真诚可靠的形象，取得客户信任。

（5）面对言语爽快、举止大方的客户，销售者要采取果敢迅速的风格应对。这种外向型客户比较倾向于外部事物，经常关心身边的客观事物，所以销售者与这样的客户打交道，最好不要一开始就谈及生意，要从客户感兴趣的事物谈起，关系建立起来后，生意自然就轻而易举了。

同时这种类型的客户比较善交际，心直口快，而且他们的判断往往以善恶、敌我、有用、无用等作为标准，所以销售者不妨在交谈之后直接亮明产品的优劣，让客户自行判断。

（6）面对爱用言谈和举止来表现自己的客户，销售者最好采用恭维的方式应对。这种客户更喜欢通过购买产品来引起别人的注意，也满足个人的虚荣心。其实这种客户自尊心过于强烈，出于心理上的不安全感，他们害怕被人看不起，所以在消费上往往讲究用最好、最独特来武装自己，因此作为销售者要善于给客户戴"高帽子"，来抬高客户的身份，从而满足其虚荣心。

同时，销售者态度也要和顺，不伤害客户自尊，不向客户介绍廉价商品或赠送小礼物，可积极向客户推荐一些高档产品，但并非坑害客户。

（7）面对言辞比较少、眼神不善视人、举止比较小心的客户，销售者可以用更加体贴的方式让客户获得安全感。这种客户不善交际，面对销售者的讲解也是似听非听，但这只是表面而已，其实他们外表虽然冷峻，但内心却很火热。所以这种客户更注重倾听，如果销售者的话能深入客户内心，客户就会对销售者产生信任，合作也就顺理成章了，所以，销售者的谈话对销售的成功与否起到了关键作用。

销售者应该采用一种温柔而真诚的讲话方式，把产品的专业信息灌输给客户，然后给予其足够的时间思考，只要产品没问题，一般客户都不会拒绝。

（8）面对客户反复询问，或者总是说"我再考虑考虑"，拿起商品又放下、心神不宁、犹豫不决……面对这样的客户，销售者可以适当地逼迫客户做出决定。

这样的客户往往不够果断，即使是面对自己十分心仪的物品仍然会左比右比，唯恐吃亏上当。销售者如果面对这样犹豫不决的客户，可以采用适度强迫的方法促成交易，比如可以列举两个切实可行的方案让客户做决定，或用最后时限给客户以压力。

（9）面对眼光总是朝向新产品，眉飞色舞，肢体语言丰富多变，小动作不断，言语充满新事物、新话题，装扮比较新潮的客户，销售者可以向客户介绍独特的产品，以满足客户标新立异的心理需求。

这类客户不对产品的质量、性能有所挑剔，只是关心产品的购买者，如果他的同行也在用的话，客户二话不说就会购买，因为在他们看来，产品只是地位和身份的象征而已。

如果销售者面对这样的客户，要以最近流行的东西着手，以轻松诙谐的方式展开，不时地对客户的观点表示认同，等待谈话深入以后，把某某名人也购买过这样的产品拉入其中，这样一来，客户一定不用推销就自动购买了。

6. 琢磨客户的弦外之音

听懂客户的意思，了解客户的需求，才能采取相应的措施拿下客户的订单。然而，并非所有销售者都能够准确地理解客户的"弦外之音"，甚至有的会所答非所问，滔滔不绝地说得口干舌燥，最后落得一句"不需要"。毕竟很多客户并非"直言不讳"，所以要想顺利销售，博得客户好感，就要仔细琢磨客户的"弦外之音"。

格力空调的董明珠，在其著作《棋行天下》中写过她起家时做业务员的经历，其中有个成功案例就是她通过琢磨客户的"弦外之音"达成的。

那时的格力还是一个名不见经传的小厂，而当时的空调市场规则是先发货、后付款，而她想要拓展市场，就要打破这个规则。

但是要格力空调的经销商先付款再发货，真的是难上加难，不过董明珠没有放弃，她一连拜访了好几家大型卖场，苦口婆心的规劝，也没有获得一个买家的同意。最后，董明珠在连续走访了五家卖场后，一家商场总经理的一句话点醒了如在梦中的董明珠："我们商场里还有不少你们公司的存货，等这批存货销完了，我再考虑考虑。"

睿智的董明珠迅速地抓住了这句话背后的"弦外之音"：要我先付款也是可以的，但是要让我看到货畅销，毫无疑问，如果货销售得快，先付款也是可行的。于是，董明珠抓住了那位总经理的"教导"，迅速行动，用实际行动证明了销量，从而打开了格力空调在南京的市场。可见，客户的"弦外之音"隐藏了重要的信息，一旦参透了这层意思，交易便势如破竹。

既然是"音"，我们就要真诚地倾听，做客户的朋友，让客户多说，客户说得越多"弦外之音"越容易被看透。这里提到了"看"，说明琢磨客户的"弦外之音"单靠倾听还是不行的，所以要想琢磨透客户的"弦外之音"，需要"眼观六路，耳听八方"。具体可以参考以下几个方面：

（1）勘测客户语句中的"玄机"。可想而知，如果客户对你的商品完全没有兴趣，他们往往不会浪费口舌，而一旦他们舍得花费时间和你理论，也正好说明了他们对你销售的产品有兴趣，只是他们还有很多疑问等待你去解答，或者是有很多需求亟待得到满足。比如，某个客户对你介绍的某个商品"恋恋不舍"而又不积极买单，销售者可以立马想到，客户是否是对商品的价格表示忧虑？那么销售者应该立刻推荐另一件商品供客户参照、选择，这样的话客户可能会欣然接受。

（2）看透客户的身体语言。由于客户的性格及其他原因，有很多话可能不便表达，但他们也总会在表情或其他的身体动作中表现出来。比如，客户看到一件商品犹豫了很久，总是东张西望并表现出不满或是无奈的神情，这时客户其实是向销售者传达了这样的"弦外之音"：要是有一款比这个商品更完美的就好了。这个时候，销售者应果断地向客户推荐另一个质量相对好点的，客户一定不会拒绝。

总之，销售者要时刻保持冷静的头脑，不放过客户的任何细微之处，也别只顾着向客户解释产品的优劣，应巧妙地观察和发现客户的"弦外之音"，那才是成功销售的关键。

人的心理是十分微妙的，很多时候"弦外之音"会不知不觉地从人们的说话方式和谈论的话题中显现出来，所以，我们要通过倾听观察客户的谈话方式和话题来参透客户的"弦外之音"。

（3）琢磨客户的说话方式。有时候，客户说话会抑扬顿挫、滔滔不绝，说明这个客户具有很强的表现欲。例如，当我们向客户推销保险时，如果对方是个理财高手，他也许会插话并且滔滔不绝地向你讲授他的财富经。这时销售者不必担心客户对产品的否决，只需要认真倾听满足客户的表现欲就行啦。

有时候，客户说话时快时慢，这其实蕴含了客户内心的思考。当客户对销售者存在戒备或不满意时，往往会把说话的语速变得时快时慢。例如，当我们介绍过自己的产品后，客户时快时慢地说"这个东西倒是不错，我再看看吧"，实际上，客户已经对产品产生了某种疑问，但是出于戒备又不便相问，这时，销售者应该自己找一下刚才所说的话，力争补充上让客户满意。

（4）抓住客户经常谈论的话题。一个人对某个话题谈论的次数越多，越说明他对某方面关注，而对某个话题的关注也能反映客户的性格和价值观。例如，一位女士虽然对保险很感兴趣，却一直对销售者所谈论的保险种类不感兴趣，但是从客户经常谈论孩子这个话题中，我们能了解到这位女士对孩子的教育、健康等问题比较关注和担心，这时，销售者可以根据客户的这个需求，为客户量身定做一款针对孩子的保险。

7. 准确抓住客户的购买信号

客户在做出购买决定前都会无意或有意地通过有声语言或无声语言向销售者释放购买信号，如果销售者能及时地抓住客户的购买信号，就能顺利成交，否则机遇也许会转瞬即逝。所以一旦发现客户具有购买倾向的时候，销售者就要当机立断地向客户索要订单，一气呵成。

王伟是某公司的推销员，他工作勤奋，成绩也不错。公司研发了新产品，价格合理，性能大有提升，王伟立刻联系了以前的老客户并进行了洽谈，客户对产品也很感兴趣。

王伟向他们详细地介绍了产品，双方相谈甚欢，对方的一位采购员反复询问相关情况，王伟向他们解答了疑问，但是谈话持续一个小时，王伟也没有向对方索要订单。他认为，时机还不成熟，应该多多接触再做决定。

几天之后，又一次交谈，对方的热情更加激昂了，但是为了巩固与客户之间的好感，王伟又拖延了一个星期。

一个星期后，对方的热情却明显降低了，慢慢地对方也发现了新产品的一些疏漏，就这样到手的单子不翼而飞。

王伟为什么会失败？很明显，是因为他没有抓住客户的购买信号。其实，很多销售者之所以把到手的单子拱手让人，并非不勤奋，而是他们没有抓住成交的时机。

很多情况下，客户不会主动做出购买的决定，即使已经做出了购买决定，他们也会犹豫不决，特别是面对一个大单。所以销售者要抓住客户的购买信号，进行旁敲侧击，帮助客户做出决定，这样不但可以提高成交率，还能节约彼此的时间。那么，销售者该如何正确解读顾客的购买信号呢？

其实，当客户具有购买倾向时，会自然而然地向外界透露购买信号，这种信号既可能是有声语言，也可能是无声语言。

（1）有声语言信号：①客户听过你的产品介绍，开始评论你的产品，包括正面信息和反面信息。②向朋友征询意见，这是在找认同。③听过销售者的介绍后，开始对价钱觉得不合理，要求减价或是对产品挑三拣四。其实这是购买产品的极佳表示，毕竟只有想要这个产品才会杀价，这也是客户想占些小便宜，让购买的产品更加符合物美价廉的要求而已。④开始提出这个产品不如别家的产品好，其实这样说只是为了让销售者减价而已。⑤客户询问产品的市场前景、保质期、售后服务等，这是客户做决定的最后挣扎，如果客户不想要这个产品，他也没必要问那么多了。

（2）无声语言信号：①客户直视商品或是直视你，这都是在告诉你，他对产品很感兴趣，希望得到更深入的产品信息。②客户身体前倾，这是客户的内在防备心理在降低，彼此之间的心理距离拉近的非语言表示。③客户沉默不语，皱眉瞳孔放大后缩小，这说明客户在做深入的思考，这个时候应给客户时间思考，等待客户下一个问题。

当然，客户的购买信号并非只有这些，只要销售者仔细观察，很多规律都能被把握，而成交往往就在这些信号之中。那么销售者该如何促成成交呢？

第一，试探客户的成交心理。很多客户虽然表现了很大的兴趣，但总是犹豫不决，这个时候不妨试探性提出下单的建议，从而拉动客户做出决定。这种委婉的方式更易于客户接受。

第二，提供多个方案供客户选择。如果试探性成交后，客户依然犹豫不决，这时，销售者不妨提出几个切实可行的选择方案，让客户做出二选一或三选一的决定，从而避免客户做出买与不买的决定。

第三，诱导性购买。如果客户确实看中了，但还是犹豫不决，销售者不妨直接地提出购买建议，或者提出一些诱导性的问题，让客户减少犹豫的时间。

第四，赞美以促使客户加快成交。客户如果已经看中一件商品，销售者如果再添油加醋地鼓励一下，那么成交将会轻而易举。比如说："王小姐，你真有眼光，这种款式最符合你的气质了。"

第五，连环肯定，让客户无法拒绝。如果客户对销售者的一连串问题都表示肯定回答的话，那么客户购买的决心将自然而然地强化。

"您认为伤残乃至死亡可怕吗？"

"既然觉得可怕，难道您不为此做好准备吗？"

"如果有件东西可以保全您后半生的一切后顾之忧，您会放弃吗？"

说到这里，客户一定句句答"是"。那么销售者只需问一句："既然如此，那么您认为您需要填下这份保单吗？"

第六，最后时限法。提示客户，如果不做出决定，将会错过时机。比如说："李小姐，这件商品，最后优惠时间就在今天，如果错过了，就只能等明年了。"

第四章　没有卖不出去的产品

——掌握斯通定理，锤炼自己的推销心态

THE PERFECT SIGNING

OF THE SALES

PSYCHOLOGY

1. 别把客户的拒绝当回事

乔·吉拉德说:"当客户拒绝我七次后,我才有点相信客户可能不会买,但是我还要再试三次,我每个客户至少试十次。"这就是世界销售冠军的思维,也是他与一般销售者的区别所在。所以,别把客户的拒绝当回事。

客户的拒绝是推销人员必然要面对的客观存在的正常现象,很多久经沙场的推销员都把客户的拒绝当作家常便饭,但也有很多销售者把遭受拒绝当作是一种打击,进而感到沮丧。其实拒绝未尝不是一件好事。假设一下,如果客户面对你的推销,只是不言不语地做着自己的其他事情,你会更无所适从,相反,只要客户拒绝,你再了解一下拒绝的原因,这样就能知道自己有什么不足,客户有什么需求,而这些信息很可能会成为以后推销成功的突破口。所以,珍惜拒绝,从拒绝中学习销售成功的秘诀。

销售行业里有这样一句至理名言:"商品销售的成功,是从被拒绝开始的!"不怕客户拒绝并欣然接受客户的拒绝,并从拒绝中寻找成功的契机,不放弃不妥协,是每一个销售者应学的销售心理学的第一课。

美国推销员协会曾对推销员的拜访做过长期的调查,研究发现:在第一次拜访被拒绝后就退缩的推销员占48%,在第二次拜访被拒绝后就退却的推销员占25%,在第三次拜访被拒绝后就放弃的推销员占12%,在第四次拜访被拒绝后就不再抱希望的推销员占5%,能够锲而不舍、不怕拒绝，继续拜访的推销员只有10%，结果却是这10%的推销员达成了推销成功案例的80%。

研究表明，不把拒绝当回事，以平常心对待拒绝，然后锲而不舍地拜访，才是推销成功的法宝。下面给大家来看一个案例：

当史泰龙还是名不见经传的小青年的时候，他一无所有，穷困潦倒。但是他有一颗坚定的信心，那就是实现自己的明星梦。

当时，好莱坞里的500家电影公司已被他走访了一遍，后来，他又根据自己认真划定的路线与排列好的名单顺序，带着自己写好的量身定做的剧本前去拜访，但是经过严密计划的推销，他仍然没能把自己推销出去。

面对拒绝，他没有气馁，反而从最后一家被拒绝的电影公司出来之后，又从第一家开始拜访和毛遂自荐。

在第二轮的拜访中，他依然没有好运，第三轮的拜访结果依然如此。于是，他又开始第四轮的自我营销，当拜访完第349家后，第350家电影公司的老板破天荒地答应愿意让他留下剧本先看一看。

几天后，史泰龙得到公司通知，要他面谈。这一次的商谈很顺利，这家公司决定投资这部电影，并请他担任自己剧本的男主角，这部电影就是史泰龙的成名作——《洛奇》。

史泰龙若是遇到拒绝就心灰意冷的话，他也不会有今天的辉煌，所以，别把客户的拒绝当回事，拒绝之后才有可能成功，毕竟市场上有那么多同类商品，客户不是那么容易就会接受你的商品的。

对客户的拒绝存有恐惧心理，是很多刚从事销售业务的人都曾经有过的，虽然这种恐惧心理是由多种原因造成的，但其中最主要的便是无法正确面对顾客的无情拒绝。不止一次的拒绝，是对推销员心理的一次又一次的重压，于是很多推销员就退缩了，而之所以退缩，是因为他们还没有找到被拒绝后成功的窍门。

其实客户拒绝推销员，无非是这三种方式：拒绝产品、拒绝销售者本身、拒绝你的公司和产品。拒绝是客户面对推销时的一种习惯性心理，这是推销员避免不了的事情，所以与其害怕，还不如接受并从中寻求机遇。

那么，当你在遭到顾客拒绝的时候应该怎么办呢？

首先，当客户拒绝的时候，要从心理上默认被拒绝对推销员来说是件很平常的事情，只有从心理上认同拒绝，才会正确地面对拒绝，认真分析失败的原因并积极分析和总结经验教训。所以无论客户怎么拒绝，都要做到彬彬有礼，保持敢于吃闭门羹的气量与风度，并且毫不气馁，把拒绝视为正常，心平气和、不骄不躁。

其次，冷静地分析客户拒绝的理由。是他潜意识的抵触，还是对你行为的抵触？是对你产品的抵触，还是自己表达的失误，还是他本就不需要这种产品？这些问题都是面对拒绝时应思考的问题，找到客户拒绝的理由才能最终找到突破口。

最后，销售者一定要以平和的心态来对待顾客的拒绝。当客户拒绝的时候不要立马反驳，要耐心地倾听客户的抱怨，让客户一股脑地把不满全洒出来。当客户抱怨的时候，推销员可以从中分析客户拒绝的理由，找到被拒绝的真正原因，然后再找一个机会进行第二次接触，经过这样的冷处理之后，双方可能会做出更为正确的选择。

2. 客户不会放弃购物，除非你放弃客户

销售是个不断尝试的过程，其间成功与失败并存，但是失败的次数远

远多于成功的次数。而许多销售者在经过一段努力后，在没有打开局面之前，便开始气馁、失落，尽管宏图大志尚在，工作能力很强，但是他们还是会因为挫折而放弃。其实，客户不会放弃购物，只是你放弃了客户。推销者要想打动客户，让客户产生购买力，这是一份需要持久耐力和坚强意志力的工作，遇到挫折是很正常的，需要用正确的心态去面对。

有人针对美国富豪做过这样的调查，至少有500人说过，他们的成功与挫折之间仅有一毫之差。所以，要想成功就要坚持固有的信念，不被挫折所左右。

日本某保险公司销售代表齐藤先生说过："如果你在第一次销售沟通中没有达成目标，那么你就要连续不断地对客户进行跟踪销售，直到他们成为你的又一位签约客户。"如果成功是把"刀"，那么挫折就是"磨刀石"。所以，在遇到困难和挫折时，要持之以恒，只要不放弃客户，客户就不会放弃购物，这是成功的推销者必备的心理素质。

汤姆·霍普金斯的名字曾进入吉尼斯世界纪录，被国际上很多报刊戴上国际销售界传奇冠军的帽子，他平均每天卖一栋房子，是全世界单年内销售最多的房地产业务员。

当他被列入吉尼斯世界纪录的时候，有人问他有什么成功的秘诀。他回答说："每当我遇到挫折的时候，我只有一个信念，那就是马上行动，坚持到底。成功者绝不放弃，放弃者绝不会成功！"

在现实工作中，很多销售者并不像汤姆·霍普金斯那么有韧劲，他们往往对失败的结论下得太早，一旦遇到挫折就开始怀疑自己，甚至半途而废地放弃了以前的努力。客户永远逃避不了购物，不成功的话只能说明你放弃了客户，要牢记，不到最后关头，不要放弃客户。

克里蒙·斯通是美国联合保险公司的董事长，被誉为"保险业怪才"，是美国最大的商业巨子之一。

克里蒙·斯通幼年丧父，靠母亲养活，小小年纪便开始卖报纸。有一次，他走进一家饭馆叫卖报纸，被赶了出来，不过很快他又溜了进去，生气的餐馆老板一脚把他踢了出去，可是斯通揉揉屁股又溜进了餐馆，这一次，店里的客人开始劝说老板不要再撵他，并纷纷买他的报纸。

即使面对困难，也不放弃——在克里蒙·斯通很小的时候就深有感触。

克里蒙·斯通在中学阶段就开始卖保险。在第一次推销保险的时候，有点恐惧的他在心里安慰自己："别害怕，进去会有收获不会有损失。马上就做！"

他走进大楼，想起当年卖报纸时的情境，心想如果再像那次一样被踢出来，我还会再试一次。很幸运他没有被踢出来，他一间间办公室尝试，当碰到了钉子，他便用"立刻行动"的办法让自己走出失败的阴影。

那天，有两个人向他买了保险。虽然数量并不多，但是他明白了推销战术。

第二天，他卖出了5份保险；第三天8份。他的事业开始有了起色。

在20岁的时候，克里蒙·斯通创立了自己的保险公司，而员工只有他自己。开业的第一天，他就推销了54份保险。有一天，他竟然推销了122份！

1938年年底，克里蒙·斯通成了一名拥资过百万的富翁。

克里蒙·斯通说，"碰到挫折后，永不放弃"才是成功推销的秘诀。克里蒙·斯通还说："如果你以坚定的、乐观的态度面对艰苦，你反而能从其中找到好处。"

在销售行业，诚如斯通所说，只有能忍耐、不灰心的推销员，才能推销最多的商品。他们不会觉得被人推出去是件不光彩的事情，反而更加在意"再试一次"的勇气。

事实上，推销时就要把遇到挫折当作理所当然的事情，要在心理上认同挫折是推销过程中客观存在的，只有从心理上认同它，才不会产生抵触情绪和厌烦心理。从这个意义上来说，挫折其实就是一种心理情绪，会给人造成极大的心理压力，如果不能够及时地调整过来，就会使自己丧失信心和热情。因此，销售者要在心里告诉自己："客户不会放弃购物，只有我们放弃客户"，要正确疏导由挫折产生的情绪，从而避免挫折感的产生。那么，销售者应该如何避免挫折心理的产生呢？

首先，从心理上认同工作是有意义的。在销售的过程中，要做好迎接挫折的准备，树立目标并努力去实现。当目标实现的时候，就会发觉自己的工作是有意义的，从而产生更大的干劲。

其次，从心理上接受现实，改变策略。对销售中的挫折有了认同感，就不会逃避，从而敢于面对，并克服对自己不利的局面。

最后，从心理上扭转观念。有了明确的目标，认同了推销过程中的挫折，那么就要换个角度想问题，把挫折当作进步的阶梯，把自己从沮丧、绝望中拯救出来。

3. 成败往往在一念之间

在推销界中，有个流传甚广的故事：

有两个鞋厂分别出自英国和日本，这两个鞋厂几乎同时向一个岛国派去推销员。经过一段时间的考察之后，他们都向各自的上司发了观察电报。

英国推销员的电文内容大致为：这里的居民因天热从不穿鞋，鞋在这里根本没有销路，即日回国。日本推销员的电文内容大致为：此地没有穿鞋的传统，产品销售潜力大，拟常驻此地。

面对同样的天时地利，英国鞋厂的推销员无功而返，而日本鞋厂的推销员却发现了商机，开辟了新的市场。同样的条件，推销员的一念之差铸成了天壤之别。决定成功和失败的关键往往也就在一念之间。

成败只在一念之间，对于销售者来说，这个"念"无非就是推销的心态。

不知有多少销售者苦心钻研销售技巧，然而销售的成败80%是来自于自己的心态，所以，不解决心态问题，纵使炉火纯青的销售技巧也改变不了失败的结局。所以，要想成为王牌销售者，最重要的就是要建立良好的销售心态，否则便是"皮之不存，毛将焉附"。正如西点军校的校训所说："态度决定一切。"

美国成功学大师拿破仑·希尔说："要么你驾驭命运，要么命运驾驭你，你的心态决定了谁是坐骑，谁是骑师。"如果我们想成什么样子，我们就真的会成为什么样子，所以，良好的心态对人的一生起着关键的引导作用。

那么要想成为王牌推销员，需要什么样的心态呢？

（1）主动心态。心理学上讲，主观能动性能让人的潜能得到充分发挥，而主动的心态就是要充分发挥自己的主观能动性。在竞争异常激烈的时代，天上不会掉订单，只有销售者主动出击才有可能成功。销售是个相对自由的工作，如果销售者不克制自己，那么销售者会很轻松，但是不主动约谈客户，客户绝不会送上门来。

熟语说："机会总是青睐那些有准备的人。"主动的人就是做好充分准备的人，他们将比被动的人获得更多的成功机会。

（2）空杯心态。销售者应是一个知识面很广的人，他们不但要学习营销知识、市场信息、广告知识、产品知识、公司的行政制度、人际的沟通法则与技巧等，还要学习与营销无关的知识。总之，销售者应该是一个跨心理学、营销学、公共关系学等学科的全才。因此，作为销售者要时刻保持"空杯"状态，等待着盛水，当然，也要具备良好的学习心态，不但要学习书本知识，还要向成功的销售者学习经验。

其实，无论知识多么丰富，能够运用才是最重要的。所以要学会把学到的知识融会贯通，理论联系实际，进而开拓销售市场。

（3）积极心态。与持有消极心态的销售者的"不可能"相比，持有积极心态的销售者总能面带微笑地接受客户的拒绝，并从"不可能"中看到可能的希望。

"成败只在一念之间。"与其愁眉苦脸地把自己看作是没前途的推销人员，还不如把自己看作是最有前途的销售者，用一种积极向上、昂扬向前的精神状态去面对客户，那么所得到的结果也将是天壤之别。下面来讲一个小故事：

> 有两个人行走在沙漠中，在口渴的时候有人赠与了他们两杯水，一个人叹息着说："唉！怎么只有半杯水？"于是都闷地不想走路，而另一个人拿着半杯水，很高兴地说："太好了，幸亏还有半杯水。"他高兴地继续走，于是，第二个人很快就走出了沙漠，而第一个人由于郁闷更加重了口渴，天黑也没有走出沙漠，后来人们发现了他的尸体。

同样的两个人，面对同样的境遇，不同的心态产生了不同的结果，心理学家把这种心态叫作"内在动机"。心理学家还经过研究表明：持内在动机的人，对工作更热情、更执着、更投入、更会获得成就。

（4）双赢心态。没有人会去做亏本的买卖，这是最基本的商业规则，所以，我们在处理我们与企业之间、我们与消费者之间、企业与消费者之间的关系时，要持有一种双赢心态。销售者在处理自身利益的同时，也不能损坏企业和消费者的利益。

销售者的服务对象只有两个：一是企业，二是客户。企业没有利润无法生存，客户不会花钱买亏损，所以在这三者的关系中，销售者要从中找到一个平衡点，既不能损害客户的利益以利企业，又不能损害企业的利益以利客户，两者损害任何一个都让我们无处生存。所以，作为销售者要保持一种双赢的心态。

（5）感激心态。当我们一次次被客户拒绝，我们会憎恶他们，可也是他们给了我们生存的机会。要知道，当我们越憎恶他们，就越容易被他们拒绝，所以，与其憎恶还不如感激，感激他们给予我们职业，让我们生存。

当我们连续没有订单，企业也许会责备我们，但如果我们以憎恶的态度面对上级，那么定然没有升级的机会。所以，与其憎恶，倒不如换个角度想问题，毕竟企业给予了我们发挥自己长处的机会。

如果心怀憎恶，我们脸上定然也不会有多开心，那么我们也会很难赢得客户的欢心、上级的赞赏。而且憎恶会影响我们的情绪，并在工作与生活中表现出来。

总之，怨天尤人只能阻碍成功。倘若我们怀有一颗感激的心，脸上带着真诚的微笑，做起工作也会更有动力和激情。

（6）行动心态。当然，理论不论多么充分，心态不论多么积极，如果没有行动，一切就只是空谈。每一个成功的推销员都是靠双腿走出来的，如果你已经列下了宏伟的推销目标，那就付诸实际行动吧！

4. 把自己当作传递圣诞礼物的"天使"

很多刚开始从事销售工作的人，在面对客户的时候总是坐立不安、语无伦次，为什么会这样呢？下面我们来具体思考一下这个问题：平常滔滔不绝、谈笑风生的人，一旦见了客户为什么就变得这般手足无措呢？

这可能说明，他们认定销售工作是卑微低下的行业，当然，归根结底是他们的自卑心理在作怪。销售新人在客户面前过于谦卑是非常普遍的现象，他们常常错误地认为：如果不顺着客户的意思，客户就不会买他们的产品，因此常常表现得低眉顺眼。

而事实上，低三下四的销售姿态并不会让商品增值，反而会贬损企业的声誉和自己的人格。所以，无论面对多么尊贵的客户，都应该以一种不卑不亢的态度对待，要把自己当作是传递圣诞礼物的"天使"，是给他们送福利而非灾祸，这样想的时候，自然就充满了自豪感。

凯特是位刚刚进入销售工作的推销人员。一天，他向一位西装笔挺、皮鞋锃亮的老板推销平板电脑，他给老板端茶送水，极尽周到，并不断地讨好对方，而那位老板在看了电脑后，也并没有找出什么质量和价格问题，但他最终还是没有购买。那位老板临走时说："我购买的是你的产品，不是对你的怜悯，你用不着这样谦卑，你这样子我哪还敢信任你，总觉得这东西会有些见不得人的纰漏！"

其实，凯特的做法是对销售工作的一种误解。销售工作和其他职业其实并没有什么区别，只不过是工作内容不同而已。销售者是把产品和服务推荐给需要这种产品和服务的人，是在满足客户的需求，这是一种双赢。要知道，你是相关产品的顾问，你和客户是平等的，并没有高低贵贱之分，所以你根本没必要在客户面前低三下四。有一点要记住，只有你看得起自己，你才会赢得客户的信赖。

而且，在客户面前卑躬屈膝是销售行业中最忌讳的。有句话说的好:"如果你连自己都看不起,别人又怎么会看得起你呢?"所以可想而知,当你在客户面前表现得低三下四、唯唯诺诺,客户根本就不会对你有好感,反而会觉得"这推销员对自己都没有信心,他销售的产品不会也有问题吧?"身为销售者,最起码的前提是要端正销售的态度,否则销售者越卑微,客户越不会对你的产品感兴趣。

心态决定命运,态度决定成就。销售是一项考验心理素质的工作,站在销售的工作岗位上,就要理性地认识自己所从事的职业,只有认识到了工作的价值,才能有兴趣和热情投入其中。

人活在世,处在不同角色里的人,其实或多或少都在做着同样的工作——推销。不管你是王侯将相,还是平头百姓,若想实现自己的理想和目标,就逃不离自我销售。

市场经济时代、物质消费社会,我们每个人都需要销售,同时也在从事着销售。政治家向民众"推销"政见、演员向观众"推销"自己的表演、科学家向社会"推销"自己的发明创造……总之一句话,无论我们从事什么职业,都离不开推销。

一位哲人曾说过一句话:"每个人都因向别人销售着什么而生活。"由此可见,销售作为一门改变他人思想的艺术,是可以赖以谋生的。与其说销售工作并不卑微,不如说它是光荣而伟大的,我们能够参与其中应该感到光荣和自豪。

我们也不妨想想:如果社会没有了推销,会是什么样子呢?

爱迪生发明了灯泡,却不被人正视;世界上第一列火车上路的时候,被当作怪兽看待;世界上第一部缝纫机问世时,并没有讨得波士顿百姓的欢心,反而被砸坏;电报被莫尔斯发明后,却无法赢得人们的信任;伽利略用事实证明了物体下落的速度与质量无关,学校里依然沿用亚里士多德的错误观点进行教学;等等。

这些事例告诉我们,无论多么先进的东西,如果没有销售者的推广,它永远也是没有价值的……所以说"酒香也怕巷子深"。更重要的是，销售工作给很多人带来了工作机遇和成功的机会，它可以让你从身无分文变成百万富翁。

世界首富比尔·盖茨、华人首富李嘉诚、日本经营之神松下幸之助、麦当劳之父克罗克等商业大亨都是从销售工作起步的。毫无疑问，也正是销售改变了他们的人生。我们应以这些前辈为榜样，应该昂首挺胸、自信满满地面对每一位客户，做传递圣诞礼物的天使。

那么我们该如何摆脱这种妄自菲薄的心态呢？

首先，应端正对工作的认识。要全方位认识销售这个工作，多多了解推销界成功前辈的经历，从别人的成功经验中透视成功者是如何看待销售工作的。巴菲特曾说过："我只要具备两样能力，我就会从头开始：自信和我认为正确的事情持续地做，我就会成功！"对，就是要深刻地认识自己所从事的工作的正确性。

其次，应端正对自己的认识。要了解自己的长处，增强自信心。

最后，应在实践中纠正。要不断地进行销售实践，从实践中领悟销售技巧，再不断地拿下订单积累成功经验，增强对自身的自信以及职业的认知。

5. 请做到"一日三省吾身"

很多销售者面对销售困境，会习惯性地抱怨工作难做、客户难缠。其实，陷入困境的原因，大部分都是他们自身的问题，但是他们却从不躬身自省、反观自我。

可能有人会问："人为什么要自省？"

因为通过自省可以认识自我、弥补不足，从而超越自己、修正自己。英国诗人布朗宁说："能够反躬自省的人，就一定不是庸俗的人。"人最难认识的是自己，反省是认识自己的一种方法。不但要在陷入困境的时候反省，而且在身处顺境的时候也要不忘反省。销售工作是一个需要不断提高自己的工作能力才能适应市场需要的职业，所以，身为销售者要做到一日三省吾身，认识自己，提高自己。

（1）反省能认识自己。

被人们称为"推销之神"的原一平在其开始推销生涯之初，贫穷得不仅连午餐都吃不起，还露宿街头。

有一天，他走进了一个名叫"村云别院"的寺庙，向一个老和尚讲述了自己的糟糕经历。老和尚注视着原一平平静地说："当人与人坐在一起的时候，要有一种强烈的吸引力，否则前途将一片荒芜。"原一平一时无言以对，并不明白老和尚所说何意。

老和尚停顿了一下，然后又严肃而平静地说："想改变局面，就要先努力改造自己！想改造自己，就要先认识自己。你认识自己到底是什么样的人吗？你要彻底地注视自己，毫无保留地反省，这样才能认识自己。"

原一平醍醐灌顶。从此，他开始认真反省认识自己，并努力改变自己。

从1931年到1937年，"原一平批评会"每个月都举办一次，每次会邀请5个客户。他以这种方式向客户征求意见。就这样，他终于成为一代推销大师。

（2）反省能让你保持清醒。

海菲是奥格·曼狄诺《世界上最伟大的推销员》里的主人

公，他有一个好习惯，就是每晚都要反省自己一天的行为。尽管料想到自己已经可以依靠毅力、实力和智慧摆脱困境，他仍然时刻警惕失败，不敢太放松。

每晚睡前海菲都习惯把一天的行为在脑子里重新过一遍，认真反思这一天经历的所有事情。他明白只有当自己能够劝诫自己、原谅自己的时候，他就不怕出任何错误了。

当我们学会自省，学会从失败中学习经验，我们的困境也许就能在自省的时候获得突破的方法。销售要与各种各样的人打交道，其间会有难以预料的突发状况，所以要始终保持一颗清醒的头脑，而自省能时刻警醒自己，身处顺境时要不忘逆境里的失败，逆境时不忘顺境里的成功。

（3）反省不至于让自己偏离正道。

苏格拉底说："没有经过反省的生命，是不值得活下去的。"因此要经常反省、检视自己的不足，在忙着推销的时候，也要留一只眼睛观察自己，不至于让自己偏离轨道。

一少林俗家弟子，向师傅学拳术。

弟子问："师父，根据我的资质，要练成武林高手需要多久？"

师傅答道："最少也要八年吧！"

弟子说："啊！那么久啊，假如我加倍努力，多久可以成为武林高手呢？"

师傅答道："至少十五年。"

弟子很疑惑道："那么我夜以继日地苦练，多久可以成为武林高手呢？"

师傅说："那你必死无疑。"

弟子不以为然地问："怎么这样难以理解呢？"

师傅答道:"要想成为武林高手,苦练并不能让你飞速进步,反而要歇一歇,留意自己,不断地自我反省。如果你一心只看着武林高手的招牌,那么你哪还有精力注视自己呢?"

弟子听后,恍然大悟,终成武林高手。

要想当武林高手,埋头苦练是没有用的,必须留意自己,不断地反省。同样,要想当推销高手,埋头学习推销技巧也是没有用的,必须不断地反省。

销售者要不断地反省和更新自己,不断地刷新自己的大脑,清除错误的数据,这样才不至于让自己卡死在同一个地方。只有通过"反省"时时检讨自己,才可以走出失败的怪圈,走向成功的彼岸。所以要时时不忘自我反省,要培养一种自省意识,让自省成为一种习惯。

那么怎么培养自省意识呢?

首先,摒弃"只知责人,不知责己"的意识。当面对问题时,为了免被责备,人们总是推卸责任、逃避错误,甚至把责任嫁祸给别人。如果总持这种心理,不但不会得到客户的信赖,反而会让同事关系变得很糟糕。

其次,把自我反省当作一种习惯。我们总是习惯在镜子前检查自己的外表,却很少对自己的内心做全面的检查,脸上有污点可以通过照镜子发现,但内心里的污点不检查便不会被发现。自省要成为持续性的习惯,一旦稍有放纵,新的问题就会出现,所以每当睡觉前要回想一下一天的所作所为。曾子也曾告诉我们要"一日三省吾身",所以要养成天天给心照镜子的习惯。

最后,要有自知之明。古语有曰:"人贵有自知之明""好说己长便是短,自知己短便是长。"自知之明是种难得的品格,有了自知之明让自己不至于搪塞自己的缺点和不足,从而正视它、改正它。

6. 拥有尺蠖一般的精神

销售有时候就像过山车，有时在天堂，有时就好似在地狱。昨天客户还热情地寒暄，今天就屡吃"闭门羹"，倘若此时控制不好自己的情绪，一怒之下做出自毁形象的事，会使销售变得难上加难。

有一个成语叫"尺蠖求伸"，尺蠖是种虫子，体长约二三寸，屈伸而行，用弯曲来求得伸展。很明显，尺蠖求伸比喻以退为进的策略。上面的情况在销售过程中屡见不鲜，我们是不是该像尺蠖一样，能屈能伸，以退为进呢？

退让就意味着放弃推销吗？当然不是。相反，退是为了进，为了退一小步进一大步，正如尺蠖，它们总是利用退的方式大幅度前进，这种精神非常适合销售。因为在销售的过程中难免会遇到这样或那样的挫折，适当地退一步，换一种方式突破，或许会有一种豁然开朗的感觉。

在实际的销售过程中，当我们碰了钉子后，总会勃然大怒，一副誓与推销断绝关系的样子。这样并不会让销售有所好转，只会让销售陷入泥潭，正所谓"小不忍则乱大谋"，与其怒而无用不如控制自己的情绪，学习尺蠖精神忍耐一下，事态也许会好转。

原一平被誉为日本的"推销之神"。当他刚加入保险行业时，第一份业务就是向一家大型汽车公司推销企业保险。推销企业保险本来就没那么容易，更何况这公司还有一个不参加企业保险的门槛，很多销售者都没有打动这个公司的总务部长。

原一平深知其中的艰难，但是他就是喜欢啃硬骨头。经过两个月的联系拜访，他终于获得了一次见面的机会，但是，那公司的总务部长看了一下原一平带来的销售方案后，就对原一平说："这种方案，不行！"

原一平回去后，立刻加班加点熬夜修改那份销售方案，第二天一大早，他就再次去拜访那位总务部长。可是，那位部长却敷衍地说："无论这个方案，被你改得多么完美也没有用，毕竟我们公司有不参保的原则。"顿时，原一平大怒，心想昨天还说销售方案不行，我反复改了，你又说没有用，这不是在耍我吗？原一平心里虽然这么想，但是并没有直接表现出来。他转念一想，我来的目的是推销保险的，而且自己也早就预料到了今天的结果。只要这保险对他有百利而无一害，这份保险完全是有可能成交的。

于是，原一平心平气和地对他说了声"再见！"就告辞了。但是，原一平并没有放弃这份保险，反而一而再、再而三地拜访总务部长，虽然一直被拒绝，但是他一直靠自己的忍耐力坚持着。结果，他的耐心打动了总务部长，这个保单被拿下了。

可想而知，如果原一平没有控制好自己的情绪，不但不会成功签下保险合同，还可能丧失风度。销售和做人一样，能伸能屈方能有所成就。

苏格拉底是古希腊著名的哲学家、思想家。一天，有个年轻人问苏格拉底："听说你是世界上最伟大的哲学家，那么你能不能回答我一个问题？"苏格拉底很礼貌地同意了这位年轻人的要求。这位年轻人用蔑视的口吻说："那请你告诉我天与地之间的距离是多少。"苏格拉底听后笑着说："三尺。"

"怎么可能，如果是三尺的话，我们把都能把天戳个窟窿啊？"青年人认为苏格拉底在耍他。

苏格拉底微笑着说："是啊，凡是高度超过三尺的人，如果想立于天地之间，就要学会低头。"

是啊，要想立于天地之间，就要学会低头。销售也是如此，如果不懂低头，那么就无法在销售界立足，只有低下头，让对方把拒绝的话说完，我们才可以抬起头把我们合理而充分的理由传达给对方，所以适当地低下头，是推销成功的一个阶梯。

能屈能伸固然很受欢迎，但是屈也要有原则，切忌卑躬屈膝，这样会让对方产生厌恶感。在一种不平等的推销环境下，推销便成了一种不公平的买卖，所以要不卑不亢地推销。适时地低下头也不是妥协，而是一种逆境中的理智忍让，就像尺蠖一样，弯下腰，就是为了更快地前进。

在与客户交往的时候，会有很多出乎意料的事情发生，所以要时刻注意保持一种克制、忍让的心态，但这也绝不是放弃和退缩，而是不失风度和原则地扭转局势。我们可以在拜访客户之前，多准备几个方案，以备不时之需。

如果你还是个销售见习新人，当碰到了销售挫折时，该如何像尺蠖一样以退为进呢？

首先，承认自己确实存在情绪。比如，当我们和客户开始有点争吵的趋势时，我们要告诉自己，我的情绪有点高涨，时刻提醒自己要克制情绪，并鼓励自己我能克服。当我们敢于承认并自我鼓励时，我们的情绪便在不知不觉中消失了。

其次，设法控制自己的情绪。当面对客户的刻薄之言时，我们会怒不可遏，但是我们可以转移一下注意力，比如，想一下这个合同的重要性和合理性，自信地告诉自己你能行。当你很冷静地听客户发怒的时候，客户反而会停下来让你说话，这时候你就占到了上风。

第五章　没有不对的客户，只有不懂客户的销售者

——知己知彼，方可百战不殆

THE PERFECT SIGNING

OF THE SALES

PSYCHOLOGY

1. 了解客户的需求

有需求才有销售，把握客户的需求，是每一个销售者应掌握的取胜之道。"知己知彼，百战百胜"这句话在销售中同样适用。

客户的需求不是固定不变的，随着时间和环境的变化，客户的需求也会有不同的变化和不一样的表现形式。客户的需求大致可分为：浅层次的需求和深层次的需求；看得到的需求和看不到的需求；直接的需求和间接的需求；精神需求和物质需求；等等。

销售者不应拘泥于形式，更不能一概而论、盲目妄断，而是要对客户进行具体的分析，切实体察客户的各种需求，待洞察了客户的不同需求心理之后，再下决定。下面我们一起来看一个情景故事吧：

在新华书店，一对年轻的爸爸妈妈想买一套《百科全书》送给他们的孩子，一个年轻的销售者接待了他们，并拿出一套《百科全书》让他们看。

客户问："这套书有什么特色？"

销售者："这套书的装帧非常的精美，您看整套书都是这种真皮封套，摆在您的书架上一定非常合适。"

客户："里面有哪些对孩子有益的内容呢？"

销售者："这本书使用起来非常方便，可以按字母顺序查找内容，而且里面的每幅图片都很精美逼真，您看这幅，是不是很美呀！"

客户："这些我都看到了，不过我想知道的是……"

销售者不等客户说完就说："我知道您想要什么。这套书包罗万象、内容非常丰富，有了这套书您就拥有了一本活地图，出差旅游肯定离不了，对你们一定会有很大的帮助。"

客户："我是为孩子买的，想让他从中增加一些知识。"

销售者："哦！原来是这样。这套书对孩子也是非常适合的。它的外包装好像一个带锁的小书箱，方便您的孩子保管，这个小书箱还是赠送的呢！我现在就给您开票吧？"

销售者说着就要将书打包，给客户开票。

客户："我们再考虑考虑吧。你能不能找出其中有关天文的部分，让我们了解一下其中的内容。"

销售者："今天有一次优惠抽奖活动，现在买就有机会参加抽奖，说不定你们还能中个大奖呢！"

客户："算了吧，我们再到其他的地方看看吧。"

在这个故事中，销售者只是按照自己的想法盲目地向客户做推销，以为自己的需求一定也是客户的需求，却没有进一步与客户沟通，了解客户的真正需求，最终使客户失去了购买的欲望，本来很容易就能卖出去的一套书，却没有得到客户的青睐。

由此可见，不了解客户的需求，将无法触动客户的购买欲望。一味地按自己的模式进行盲目的推销，会让客户对该商品产生怀疑，本来想买的商品也变得不想买了。

有一期青少年电视节目，主持人将十几个人分成几个小组，参与一个室外实践的小游戏，要求每个小组充分发挥集体的才智，制作一头自己认为最好的"猪"。并且把"猪"做出以后，他们每一个小组都要想办法把"猪"现场推销出去。

各个小组发挥集体的智慧把"猪"做出来以后，有的小组说自己做的小猪是绿色食品，没有使用任何添加剂，不会危害人们的健康，取名叫"放心猪"；有的小组说自己做的"小猪"品种优良，有海外血统，是真正的"贵族猪"；有的小组说自己做的"小猪"憨厚可爱，模样招人喜爱，唤作"迷你猪"……说法虽然不一，却都极尽溢美之词。但最后，他们的销售均以失败告终，原因在于他们只着眼于自己的销售，并不去了解顾客的需求和想法。

销售者要想成功，就不能闭门造车。自己认为再好的东西，如果没有需求也就没有价值，有需求才有市场，知道客户怎么想的、喜欢什么，才能拥有主动权。

要想了解客户的需求，应该做到如下几点：

（1）善于观察。面对不同的客户，要能根据客户的穿着、谈吐和神态，对客户有一个基本的判断和定位，最起码应该知道他在哪些方面可能有需求，然后才能确定进攻的方向。

（2）认真倾听客户的每一句话。对客户说话时的语气和眼神多留心，或许你可以从细微处了解到不少有用的信息，帮助你了解到客户真实的想法。倾听是了解客户需求的最好方式，学会倾听可以让你在销售的道路上变得轻松许多。

（3）多提问。引导客户把自己的想法和需求毫无保留地向你坦露，好的提问不但能得到你想要的信息，还会让客户感觉到你的真诚和友谊。

2. 客户只关注自己的利益

每一个客户其实真正关心的只是自己的利益。销售过程中，如果你只是强调你的产品品质多么优良、价格多么公道，而不能让客户看到自己能得到什么实实在在的利益，那么对客户来说你的商品就是垃圾，没有一点可用之处。如果这样，你就是一天跑十趟，费尽心机也是枉然，也不会得到客户的认可。

有一个销售者到一个客户家里推销商品，这个销售者进到屋里，就开始滔滔不绝地向客户介绍："我们的产品是同类产品中品质最好的，畅销世界各地，您如果不购买的话会非常可惜。"

结果，客户毫不客气地打断了这个销售者的推销。说："对不起，先生，我相信你的产品品质很好，也很畅销，但是我不需要它，它不适合我，不能给我带来利益，你还是到别处去推销吧。"这个推销员最后很不好意思地走出了这个客户的家。

而另外一个销售者，带着同样的商品到同一个客户家里去推销，情形却不一样。这个销售者进到客户的家里，不是上来就说自己的产品多么的好，而是和客户闲聊似的拉起了家常，在拉家常的同时，他仔细地对客户的家具摆设进行观察，认真地对客户的需求档次和消费品位进行揣测。

在和客户交谈的时候，客户有一个电话要接，在客户去接电话的时候，这个销售者看到客户家的小女孩正在玩积木，这个销售者就跑去和小女孩一起玩了起来，并且很快成了好朋友，小女孩好像喜欢上了这位会玩积木的叔叔。

经过磨合，这个销售者在介绍自己产品的时候，就重点介绍适合客户的档次和款式，并且真诚地为客户分析各种产品能够给他带来的潜在利益，以及节省下多少费用等。这个销售者的行为得到了客户家人的信任，客户也真正地看到了商品能给他带来的利益和实惠，最后决定买下这个销售者的一款新机型。

从以上的例子中我们看到，第一个销售者总是一味地夸赞自己的产品多么优秀，而不考虑是不是适合自己的客户，能不能给客户带来实惠。这就使客户产生了一个错觉，客户会感觉这个销售者关心的是自己的产品能不能卖出去，只考虑自己能不能赚到钱，而不考虑客户的感受和利益，销售者被拒绝也就是必然的结果了。

第二个销售者表现出来的对客户的关心和重视，消除了客户的反感和排斥。并且他还根据客户的实际情况，让客户看到了实实在在的利益和实惠，最后促成了这笔生意的成交。

能给客户带来利益，就是你的卖点。针对具体的客户，你首先应该找到你所推销产品的卖点，并且能紧抓住这个卖点做文章，让客户看到产品对他有用或者有利可图，才能对你和你推销的产品产生兴趣。虽然客户有时可能也要遮遮掩掩地说一些善意的谎言，但终究掩饰不了他想得到利益的心理，客户无法抗拒的就是利益的引诱和好处的勾引。

"客户至上"是每一个销售者应该遵守的基本原则，销售者不应该将自己的好恶强加于客户，自己喜欢的东西客户不一定就喜欢。站在客户的立场上，去想客户能从你这里得到什么实惠和利益，你能否满足客户对利益的追求，是你能不能抓住客户的心的关键。

杨康是一位酒厂的业务员，他深谙客户的心理，知道客户只关注自己的利益，所以每次拜访批发商之前，他就把批发商买了自己的酒后，能大概得到多少利润先算出来，再与同档次的酒做一个比较看看有没有优势，如果没有优势就想办法调整自己的报价或服务，让批发商看到比别人更多的利润和实惠。

因此，杨康每次和批发商谈判都能取得很好的结果，即使不能成交，批发商也会把这个注重客户利益的销售者记在心间，如果有机会他们也总是愿意和他合作。

司马迁曾经说过："天下熙熙，皆为利来；天下攘攘，皆为利往。"普通人尚是如此，商人更是把利益看得比什么都重要。在商言利，做生意追求的就是利润，无利可图谁愿意起早贪黑、费尽心力地终日劳作。

杨康正是抓住了客户追求利润的心理，让客户可能得到的利润毫不掩饰地让他知道。当明明白白、真真切切的利益摆在面前，没有哪一个商人会无动于衷。

销售者在推销商品的时候，不能为了追求自己的利益而忘记客户的利益，要明白只有客户得到了利益，自己才能得到利益。要做到这些，我感觉销售者首先应该从以下两个方面努力：

第一，不要拿自己的好恶去衡量客户，你认为完美无缺的东西不一定适合你的客户，要明白你要卖的不是自己喜欢的东西，而是客户喜欢的东西。你的东西能让客户得到好处，他才会对你的东西感兴趣，否则即使你说得天花乱坠，也只能让客户对你产生反感，没有一点益处。

站在客户的角度想问题，就能知道客户想要什么，让客户得到实实在在的利益和实惠，客户才能把你当成他的财神一样尊敬。

第二，在商言利，把对方的利益明明白白地说出来，不要模棱两可、隐隐晦晦，要让客户看到真真切切的利益存在，这样才能刺激客户合作的兴趣。

3. 给客户吃一颗"定心丸"

虽然现在都说"顾客是上帝",但客户也常常有欲哭无泪的时候。客户最害怕的是买到假货、劣质货,这时如果再碰上一个不负责任的销售者,那这个客户的利益就会受到损失,可能就是血本无归了。

还有一些产品,其配备的售后服务跟不上,常常今天这里坏了,明天那里出毛病了。这不但影响客户的生意,还严重影响客户的心情,看着这样的产品是想爱都爱不起来。

客户有自己的无奈和担心,也有自己的坚持和执着,谁能给他解决了这些后顾之忧,谁就能取得他的信任,也就能从他的手里挣到更多的钱。因此每一个销售者都应该学会给客户吃"定心丸",定住客户那颗脆弱的心,给自己的业务拓展出一片蓝蓝的天。

韦西林是古董家具的爱好者,他是郑州木之坊古董家具店的老顾客了,有事没事就喜欢到木之坊家具店里转转。对于自己喜爱的家具,他是想买又不敢买,怕买回去尺寸不合适家具店不给退,或者换来换去太麻烦让别人厌烦。

这天,韦西林又像往常一样来到了木之坊家具店,猛然看见家具店进门显眼的地方贴了一张告示。他仔细一看,立刻兴奋不已,原来告示上面写着:"本店商品实行三包:包退、包换、包送货上门,并且本店商品可以终身无理由退货。"

韦西林简直高兴坏了,这张告示就像是专门为他写的,他找到了家具店的店长,想求证一下告示的真实性。

木之坊家具店的店长王娟微笑着接待了韦西林,她说:"我们之所以推行这个政策,就是为了解除客户的后顾之忧,让客户可以随心所欲地买下自己喜欢的家具。我们绝不是在炒作,我们会说到做到，今天我们先出一个告示，随后我们公司就会将退货细则张贴出来公之于众，接受公众的监督。"

韦西林听了王娟的话，心里好像吃了一颗"定心丸"一样。从木之坊家具店出来，韦西林就径直走向了银行，他决定把自己早已看好的家具立即买回家。

韦西林之所以敢立刻把自己喜爱的家具买回家，就是因为木之坊家具店给他吃了一颗"定心丸"，免除了他的后顾之忧。

定心丸并不是几句话、几句承诺，它需要有实际的行动，具体的制度。制度是一个企业规范化的体现，把你的承诺形成制度，陈列出来各种明细，然后按照制度实实在在、不折不扣地去完成，才能让客户真正地感觉到心里踏实。

某汽车销售服务公司在各个显眼的地方张贴了一张承诺书，承诺内容如下：

（1）售价承诺。公司销售所有车型均严格遵守本公司制订的全国统一销售价销售，做到透明公正，最大限度地使顾客满意。

（2）投诉应对承诺。所有顾客，在提出投诉之时开始，在 24 小时内会有专人进行电话回复。

（3）维修保养承诺。第一，凡购买汽车，均享受 5 万公里内免费保养服务及两年或 5 万公里（两者以先到者为准）免费品质保证服务；第二，维修项目公开，明码标价。

这份服务承诺虽然内容简单，涵盖也不完整，但它摆明了一种态度，让客户看到了一种真诚，使客户心中的疑虑得到了解答。原有的不安和忐忑归于平静，公司和客户之间建立了深厚的信任和友谊。

在销售的过程中，客户对销售者大都有一种不信任的心理，往往对销售者说的每一句话都会产生不同程度的怀疑，怀疑销售者所推销商品的质量，怀疑销售者的报价有水分，怀疑销售者的售后承诺，等等。

如何消除客户的怀疑和不放心，让客户吃下一颗定心丸，是销售过程中急需解决的问题。这个问题如果能妥善解决，便能帮助我们快速地与客户达成合作协议。

王冷是一个汽车公司的推销员，他是个热心肠的人，平时爱仗义执言，路见不平拔刀相助，因此公司的人都挺喜欢他的。

但王冷的业务却做得不太出色，总是很难留住客户。这是因为王冷平时不太注重细节，去见客户时也总是穿得邋里邋遢的，行为举止又很随便，让人很难把他与稳重、干练这些词联想到一起。

第一次见面，客户很难对他这么一个鲁莽、蛮横的人产生信任的感觉。缺乏信任感，客户就不会和他轻易成交。再加上王冷办事经常粗心大意，总忘记带上证明自己身份的证件和公司开具的证明等，常常导致不必要的麻烦和误会，有时甚至还需要公司领导出面为他解围。

王冷之所以失败是因为他不但没有给客户定心丸吃，反而让客户觉得闹心，这样下去不失败才怪呢。

作为一个销售者，要时刻注意自己的形象，这是对客户最起码的尊重，也是一个销售者应该具备的最起码的素质。此外销售者应当时刻注意自己的行为举止并做好充足的准备，在客户面前表现出自信、稳重、耐心、周到，这些可以帮助安抚客户的情绪，给客户吃上一颗定心丸。

具体我们还可以从以下两个方面做起：

第一，制订完善的公司制度。将完善细致的公司员工行为规范、明确的商品价格和售后服务明细彰显于醒目的位置，接受客户的监督，让客户一眼就能看到，无后顾之忧。

第二，销售者规范自身行为，提高客户对自己的信任度。例如，带一个和自己身份相符的公文包，里面放上所需的证明材料和宣传材料，让客户感觉你是一个标准的业务代表，你说的每一句话都能代表你的公司。

4. 颠覆客户的心理定势：你是朋友而非推销者

销售者与客户既相互依存又相互制约，从古至今都是如此。买卖就是双方在价格战中的厮杀，销售者和客户从表面上看好像是对立的，但倘若仔细想想，就不难发现销售者和客户双方更多的是互相依存、互相促进、互惠互利的关系。在销售者这里，客户可以得到他需要的合适的商品，销售者可以通过把商品卖给客户体现自己的价值，开创自己的事业，实现自己的理想。

在今天这个供大于求的买卖市场里，销售者铺天盖地，经常遭遇冷待和白眼，客户总是处于高高在上的优势地位。如何颠覆客户的心理定势，让你的客户把你当成朋友而非推销者，是我们每一个销售者都应该努力研究和学习的一个重要课题。

小李是一个医疗器械销售者，经常要到各老年社区或公园进行推销。

一天，小李和同事来到一个老年人较多的社区，很多老年人聚在有健身设备的地方锻炼身体，小李没有立刻上前推销设备，而是在离老人不远处坐了下来，静静观察，她听到几个老年人说肩膀疼，这才凑上前去。

"您肩膀也疼呀，我妈妈也老是肩膀疼，每次回家我都会给她捏捏，您试一下按压肩井穴，可以起到很好的效果的。"小李表现得像他们的邻居一样，边说边在自己的身体上演示怎样找肩井穴，怎样按摩，还主动帮一些人按肩膀。老人们尝试后都表示很舒服，效果很好，夸小李既细心又善良。

"能帮你们减轻疼痛是我的荣幸。"小李笑眯眯地说道。这时老人发现小李身边放了一个箱子，于是就问箱子里放的是什么，小李是做什么工作的。小李这时才向他们介绍了自己，说自己是做医疗行业的，所以才知道这些治疗疼痛的小窍门，并拿出了按摩仪给老人们体验。按摩仪按摩肩膀像小李按摩的那样舒服，老人们因此对按摩仪产生了很大的购买欲望，纷纷向小李咨询。

以一个朋友的身份出现，真诚地关爱客户，或者是让你推销的商品说话，去吸引打动客户。客户不管是对你的商品充满感情，还是对你充满感情，就都不会再把你当成是一个简单的推销者，而是把你当成他事业的伙伴、人生的朋友。

而在很多销售者的思想里，自己做销售就是为了挣钱，因此心思都用在了怎样挣客户的钱上面，甚至为了一点点的利益与客户争得你死我活。这种急功近利的错误思想会陷你的销售工作于绝地，让你逐渐失去你的客户。

作为一个销售者，你首先应该把客户当成你的朋友，以诚相待，用你的真诚换取客户的真心，让客户感觉你不是来挣他的钱的，而是来帮助他的。让客户看到你用心的关怀和无微不至的付出，这样你的客户才会越来越多，朋友也会越来越多，生意也才会越做越大。

乔·吉拉德说："当我卖给你一辆车以后，我要做三件事：服务、服务、还是服务。"

乔·吉拉德和一家很有情调的意大利餐厅签有合约，每月都会邀请他们客服部的所有同事去吃饭，感谢他们对他的客户的帮助和照顾。

乔·吉拉德的做法让所有客服部的同事感受到了他的关爱，他们就更加地爱乔·吉拉德，对他的客户有求必应、热情周到，如见到了老朋友。这样一来乔·吉拉德也赢得了信誉，客户都把他当做老朋友，通过口碑相传，来乔·吉拉德这里买车的人就更多了。

其实，客户也不是冷血动物，投之以桃他也会报之以李。真心地对待客户，认真地为他们服务，客户也会真诚地对待你，甚至会把你当成自家人看待，而非一个有利害冲突的商场上的对手，有什么生意他们也会首先想到你，帮助你的业务越做越好。

乔·吉拉德不仅服务无可挑剔，他还有一个优点就是从来不占客户的便宜，对每一个人都一视同仁，保证每一个人在他这里买的车都是价格最低的。

乔·吉拉德说："我以如此的低价卖给客户，客户下一次买车还会到我这里来，他还会告诉其他的人，让其他的人也到我这里买车。"

乔·吉拉德从来不伤害别人，因为他知道伤害别人就是伤害他自己，也正是因为乔·吉拉德童叟无欺，给客户公平、公道的价格，才赢得了客户的喜爱，让客户感觉他不是一个推销员，而是一个相交多年、互相扶持的朋友。

俗话说将心比心。在从事销售的过程中，不要只想着怎样把客户的钱挣到自己的口袋中，要多替客户着想，用自己的诚信赢得客户的信赖，用自己产品的质量来打动客户，让客户感觉你不是来推销的而是来跟他交朋友的，客户就会放下固有的戒备，给你朋友般的友谊。

5. 将客户的挑剔视作追求完美

真正的客户在买东西时都很挑剔，他会对商品上上下下、里里外外进行挑剔，再完美的商品，客户也能在细微的地方挑出来一些问题，和你讨价还价。碰到这样的情况，我们不能责怪客户的苛刻，要把客户的挑剔当作是对自己商品的检验，这样就有利于我们发现问题及时改进，使自己的商品逐渐完美起来，最后就有可能打造成为名牌产品。

张老板在一个五星级饭店请客，当服务员给每人端上来一份鱼翅羹时，别人都吃得津津有味，十分开心，而老张刚吃一口就撇起了嘴说道："你们的鱼翅做得不好，又硬又没有味，我吃过上百次鱼翅了，第一次吃到这样的，你们的厨师怎么做的呀！"

服务员见客户生气了，要对她发脾气，吓得大气不敢出，急忙把经理喊了过来。经理进来后，满脸堆笑着说道："老板真不愧是吃鱼翅的行家。今天的鱼翅在泡发和火候上确实差了一点点时间，这点小差别您能一口就尝出来，真不愧为美食家。"经理接着又说："您如果不满意，您看是换一份，还是给您退了，退了的话不会让您出钱。"

张老板被经理夸得心花怒放，他本来并不想难为他们，他就是想在朋友面前炫耀一下，于是笑着说道："算了，算了，以后注意就可以了，别人好蒙，骗我是骗不过去的。"

经理见他不再计较了，就说："老板，您真是大人大量呀，今天的这顿饭我给您打八折，随后我把厨师长叫过来，让他当面给您道歉，也让他记住今天的教训。"

张经理更无话可说了，赶紧说："不必了，这鱼翅将就着还是能吃的，都不容易，我也不是为了让你打八折呀。"经理诚心诚意地感谢张老板的宽宏大度后，高兴地走了。

这个故事中的张老板只是想在朋友面前显示一下自己的品位和尊贵，不是真正地想难为酒店，正好酒店经理看透了老张的心理，来了一个顺水推舟，让老张挣足了面子，得到了心理的满足，他当然就不会再有其他更多的计较了。

如果酒店经理坚持鱼翅没有质量的问题，和张老板据理力争，那么不但会伤了彼此的和气，还会影响酒店的生意，就有点得不偿失了。

销售者要积极地寻找客户挑剔的真实原因：是真的对商品不满意，还是对自己的服务不满意？是为了满足一下自己的挑剔心理，还是为了让你在价格上做一些让步而故意挑剔一些莫须有的问题，增加一些讨价还价的筹码？是有其他的目的，借挑剔来满足自己不好明言的动机，还是对你有什么别的企图，用挑剔来引起你的注意？

这些我们都要具体问题具体分析，不要轻视客户的挑剔，更不能害怕客户的挑剔，应对症下药，满足客户的心理需要，给客户安全感、荣耀感和满足感。

曾经有两位雕塑家，他们都是世界上著名的雕塑家，但是他们谁都不服谁，经常在媒体或报刊上互相批评对方。

"他的这部作品，手雕塑得不太完美，整体太协调。"或者就是："他的刀法太粗糙啦，能表现什么意境呀？"其中一个雕塑家总能找出问题。另一个雕塑家也不示弱，看了对方的作品后就挑剔说："这个美女的微笑太媚了，眼神缺乏深度。"要不然就是："高山刻得虽然还算雄浑，但是刀法用的却显得有点仓促。"

这两人虽然老死不相往来，但对方的一举一动都收入眼中，十分在意对方对自己的批评，并且在以后的创作中总会对对方批评过的问题特别留意，努力改进，争取不让对方再挑剔到什么毛病。

有一次，其中一位雕塑家要参加一个国际大展，为了赶工期，他把自己关在工作室里，不分昼夜地雕塑了三天三夜，连吃饭睡觉都没离开过工作室。在快雕完的时候，有一位朋友来看他，这时雕塑家正在用雕刻刀修饰雕像的手臂，这位朋友似乎看出了什么问题，刚要开口，雕塑家突然大声地说："那个笨蛋，一定会在鸡蛋里面挑骨头的！"

朋友指着雕像的手臂疑惑地问："你既然知道他会对你挑剔，你为什么不先把这里修复好哪？"雕塑家微微一笑说："我就是故意要让他挑剔才这么雕刻的，如果他不再批评，我的创意也就没有了。"

朋友叹了一口气说："唉，可惜，他昨天晚上忽发心脏病，去世了。"雕塑家听到朋友的话，手里的雕刻刀"铮"的一声掉到了地上。

从那以后，这位雕塑家再也没有创作出独具创意的雕塑作品。

其实，挑剔并不是坏事，上面那两位雕塑家就是在彼此的挑剔下，才创作出一个又一个雕塑精品，挑剔可以激发灵感，可以使自己的作品更加完善。没有挑剔的生活是可怕的，那会使我们失去活力、失去前进的力量和进步的动力，世界也会变得死气沉沉，没有生机。

对于销售者，客户越挑剔，说明对你的产品越感兴趣，正所谓爱之愈深，责之愈严。爱挑剔的客户恰恰是有意向的客户，这样的客户同时也是在帮助你完善你的产品和服务，帮你在销售的道路上走得更稳、更远。

面对客户的挑剔，销售者要积极地面对，找出客户挑剔的真正原因，把挑剔变成和客户沟通感情的机会，说不定还会因此和客户有进一步的交往。

要正确看待客户的挑剔，有时挑剔的客户才是有价值的客户。客户的挑剔可以使你看到自己的不足，也可以给你带来进步的动力，使你越来越优秀、稳重、自信，助你成为行业中的佼佼者。

6. 客户不喜欢你唱"独角戏"

独角戏不好唱，自说自话的表演，有时会因你得不到观众的互动和响应而无法继续下去。观众不喜欢单调乏味的独角戏，腰缠万贯、气势夺人、唯我独尊的客户更加反感销售者以自己为中心，喋喋不休、填鸭灌输似的表演。

销售不是一个人的事情，要让客户进入角色，参与到你的销售活动中来。真真切切地看到、摸到，客户才会有最直接、最真实的感觉，比你一个人手舞足蹈、唾沫星子乱溅地说半天要奏效得多，这也是取得客户信任和认可的最有效的办法之一。

> 布朗是一位服装设计师，他想把自己的设计卖给一个著名的服装厂，可是这个服装厂财大气粗，怎会把布朗这一个小小的设计师放在眼里？一连三年，这个服装厂也没有买过布朗的一个设计。
>
> 可布朗还是每周都会去拜访这个服装厂的设计总监，这个总监眼光很高，但总愿意接见布朗，而且会认真地听布朗的介绍，看布朗设计的东西。布朗想总监肯定也有认可自己的地

方，不然的话他也不会接受他不厌其烦地拜访。

为什么总监光看就是不买我的设计呢？这样下去布朗都有点疲惫了，他决定认真地研究一下自己这几年失败的原因，从中找到攻破这个堡垒的办法。布朗觉得自己失败的主要原因应该就是过于墨守成规，不懂得变通。于是，布朗很快就想出了一个好主意。

这一次，布朗去拜访服装设计总监时，拿的图纸是他只做了一半的设计。他见到总监后十分谦恭地对总监说："这个创意我只设计出了一半，往下怎么设计我真想不好了，您能给我一个建议吗？我们共同把它完成。"

总监感觉到了布朗的变化，立刻显得兴趣盎然起来，他非常认真地和布朗一起探讨这个奇妙的创意，最后总监还提了很多构图、色彩、情调等方面的意见和建议，布朗茅塞顿开。由于参与了这个绝妙的设计，总监也兴奋异常，布朗走时他还恋恋不舍地把布朗送了很远。

布朗回去后很快就把新的图纸设计了出来，并顺利地把这个设计卖给了这家服装公司。布朗也由此开始了和这家服装公司的长期合作，从中赚取了可观的服装设计费。

前期的布朗，把重点放到了设计最好的服装上面，然后再到服装公司推销自己的设计，结果磨破了嘴、跑断了腿，费尽心力三年也没有卖出去一个设计。虽然每次设计总监都会接见他，但也只是布朗在唱独角戏，他并没有打开与总监沟通交流的心门。

后来布朗幡然醒悟，与其唱独角戏费力又唱不好，不如拉客户进来共舞，既调动起了客户的情绪，又帮助自己把符合他们要求的设计搞了出来。这样不仅成全了布朗，还让客户感觉自己也有一份贡献在里面，原本布朗独有的成果就变成了大家汗水的结晶，最后各有所获，皆大欢喜。

很多时候，我们只有亲自参与才能体验过程的美好，留下深刻的印象。让客户切身体验到你的产品，参与到你产品的生产、销售的过程中，会给客户带来不一样的感受，也能拉近你和客户心的距离，要比自己一味地推销，效果明显得多。

有这样一位健身器材销售者，他总是把资料带得很齐全，连健身器材的原理图、结构图、效果图他都会额外地多准备一套。每见到一个客户，他都会详细地跟客户介绍机器怎样使用，对健身有什么好处，然后再拿出图纸让客户看机器的构造。"看看，多么精巧的设计呀！你看看这个按钮，设计得多么人性呀，躺到上面一定很舒服，对您的颈椎和腰椎一定会有很好的治疗作用……"他眉飞色舞地说。

大多数时候，客户还没有听完他的介绍就不耐烦了，打发他走。几个月过去了，这个业务员一台机器也没有卖出去，他在家更加刻苦地练习了一些更有煽动性的语言，并学了一些手势和动作配合自己的演说。几个月又过去了，他还是一台也没有卖出去。他彻底地失望了，走到以前连碰都不舍得碰一下的机器旁边，愤怒地撕去了一台健身机器的包装，扔在了地上。

一个客户走了过来，看见这个有些特别的机器，小心地说："我可以上去试试吗？"这个绝望的销售者，几乎是带着哭腔说："试吧，试吧。"

客户躺在了机器上，开动了开关，机器就不停地摇了起来，客户很惬意地躺在上面，可能是太舒服的缘故，嘴巴里还不时地"哼哼唧唧"发出呻吟的声音。客户从机器上面下来时还在不由自主地晃着身子，"太舒服啦，多少钱一台呀，我买一台。"他兴奋地说道。

就这样一个接一个的客户体验了健身器材机，一台又一台的健身器材被客户买走，到最后这个销售者都有一点忙不过来了。

在这个案例里，刚开始这位销售者并没有真正在推销，他只在意自己的表现，而不去考虑客户的心理，所以口若悬河也没有效果，最后一台机器也卖不出去。后来这位销售者让客户亲身去体验健身器材的功能，客户参与其中，有了真实的感受，这才被打动。

没有哪一个人会对抽象的东西感兴趣，也没有人会有很多耐心听你纸上谈兵，没有实际感受的东西，是不可能打动客户那颗脆弱又高傲的心的。人都是现实的，切身体验到了好处，不用你说他也会去争取，而看不到、摸不着的东西，你就是说得天花乱坠，他也无动于衷。

销售是需要销售者和客户双方共同参与的事，如果你只在乎自己的感受，在那里唱独角戏，而不去调动客户的积极性，不让客户发表自己的意见，不引导客户提出自己的建议，那么客户就不会有要和你合作的兴趣。

与客户交谈时，不要只一味地让自己的话充满客户的耳朵，倘若那样客户只会把你说的话当成耳边风，有时还会嫌耳边风太烦人。要用自己的话去调动客户的积极性，引导客户发表他的意见，这样你才能把握住客户的心理，与客户产生共鸣。

要引导客户参与进来，可以准备一些样品，给客户真实体验的机会。最直接的操作、尝试、触摸有时是最有效的，要知道触觉给人的刺激，是再美妙的语言也无法完全表达出来的。

第六章 一定要让自己看起来很专业

——给客户留下"专业"的感觉

THE PERFECT SIGNING

OF THE SALES

PSYCHOLOGY

1. "首因效应"：亮好你的第一张牌

给客户留下的第一印象在心理学上叫作"首因效应"。在与客户交往时，第一印象特别重要，客户会凭对你的第一印象，对你这个人是否可信、能否交往做一个大致的判断。

一般情况下，一个人的容貌、谈吐、举止、神态、衣着等都在一定程度上反映出这个人的内在素养和个性特征，第一印象主要就是通过容貌、谈吐、神态、衣着等获得的。所以，销售者应着重从这几个方面去塑造好自己给人的第一印象，给客户一个积极、良好的第一印象，让客户对你过目不忘，历久弥新。

有这样一个故事：

一个大学毕业生找工作连续碰壁，但他却没有心灰意冷。这天，他到一家报社应聘，见到总编就问："我是学新闻专业的，想应聘你们的编辑岗位，你们还招人吗？"

"不需要！我们的编辑已经够用了。"

"那么，记者要不要呀？"

"不需要！我们的记者都人满为患啦！"

"那么你们招排字工人和校对吗？我愿意到你们公司做一个排字工或校对员。"

"不需要，我们现在什么都不需要，我们的人员都满了。"

"那，你们一定需要这个东西。"他从自己的包里拿出一块非常好看的小牌子，牌子上面写着："人满，暂不招聘。"

总编看了看牌子，又看看这个充满机智和乐观的大学生，微笑着点了点头，说："如果你愿意，到我们广告部工作吧！"

这个大学生对待生活乐观幽默的态度，让总编对他有了一个良好的第一印象，才使他得到了渴望已久的工作。

第一印象具有先入为主的效应，客户对销售者的第一印象，也会很长时间影响着客户对这个人的判断。客户总是会拿第一印象去理解销售者以后的行为，客户对你的第一印象不好，即使你以后再努力去改变第一次的失误或不好的形象或不恰当的言行，也很难起到立竿见影的效果。客户还是免不了用第一次的印象去考量你以后的行为，决定与你合作与否、与你合作的广度和深度以及时间的长短。

小白到一个药店推销药品，进入经理的办公室后，小白就先简明扼要地做了个自我介绍。经理上下打量着小白，看到面前这个穿着一身笔挺西服、整齐的短发下面一双含笑的大眼睛正真诚地望着自己的小伙子，心里就有了几分喜欢，于是微笑着说："你都有什么产品呀？"

"领导，我们公司的产品很多，一般的常用药品我们都有，我这次给您带来的主要是我们公司的新产品，对治疗心血管疾病疗效很好，您看，这是样品。"

小白说着就把样品双手递给了经理。

经理接过小白递过来的样品，认真地看着，就在这时电话响了，经理拿起手机看看来电显示后又看看小白。小白马上意识到了什么，就起身到了屋外，并随手把门关住。

等经理接完电话，小白才又进到屋里。经理不好意思地对小白笑笑说："你的产品我知道了，很好，特别是这个新产品应该会有不错的销路。小伙子我看你也是一个有能力的人，我真想和你合作，只是不凑巧我们刚订了货，资金有限，要不这样吧，你下个月再来，我一定进你的药品，好吗。"

第二个月，这家药店真的要了小白很多的货，并且签下了一个长期合作的协议。

客户对小白的第一印象是：干练、真诚、懂事。他首先对小白的人品有了一个初步的定位，他感觉如果和这个销售者合作，可以让他放心；再有就是从小白的谈吐和随机应变上看到了小白的干练和懂事，如善于体察别人的心思，会为别人着想等。小白一开始就向客户亮出了一张好牌，让客户喜欢上了他，并毫不掩饰地表现出了想和他合作的愿望。

虽然容貌和身高不是后天能改变的，但是你的穿着、举止、谈吐、神态却代表着你后天的修养和品行，能让客户第一眼就看出你是不是一个好的合作伙伴。所以，学会亮好你的第一张牌对销售有着重要的作用，销售者在去见客户之前，要经过精心的设计，做到：

（1）穿着一身干净、平整、合体、大方的西装，最好是深颜色的，会显得比较稳重。打一条颜色亮一点的领带，皮鞋一定要打蜡可以衬托出来你的精神和档次，袜子的颜色尽量和西装的颜色一致。

（2）不要留长发，长发稍显稚嫩。整整齐齐的短发不仅能衬托出一个人的精气神，还能给别人一种干练专业的感觉。

（3）平时也要注意个人修养，多看看文学、名人传记、商务礼仪等方面的书籍，陶冶一下情操，扩展一下知识面。书能改变一个人的气度，丰富一个人的内涵，也能给客户不一样的感觉，总之，就是把自己打造成一个让客户见到一次就难以忘怀的人。

2. 找准你的客户群

销售者要知道，不可能所有的人都能成为你的客户，即使你特别努力，有出色的才干，你推销的商品是世界第一，也不可能所有的人都会买你的商品。你要知道，你的商品有自己的客户群，如果找不准你的客户群，你就会额外地做很多无谓的劳动，得不到应得的回报。

找准自己的客户群，是每一个明智的销售者首先应该做到的。只有这样才能有的放矢，少走弯路，收到事半功倍的效果。找准自己的客户群，需要销售者深入调查，考察分析，判断决定，非辛苦不能得其万一，非坚持不能成就非凡。

在一个小城市里有一家商场，一开始还是一排低矮的平房，里面也没有怎么装修，显得极其简陋。拥挤不堪的货架上堆放着各种商品，与周围的几家大商场相比，显得是那么的渺小、不上档次。

但就是这家看起来极不起眼的商场，经营的商品却很齐全，小到针头线脑、油盐酱醋，大到冰箱、彩电、洗衣机。寻常百姓家日常所需的东西，在这里都可以买到，商品的价格也要比其他商场低很多，再加上质量有保证，服务热情周到，使得这个商场每天都是顾客盈门。

几年过去了，这个小商场周围的大商场有的关门停业了，有的换了新主人，但是这个商场却越做越大，由原来的一排小平房，变成了两层楼房。但是这个商场仍然不改自己的初衷，依然是简陋拥挤的店堂，依然有物美价廉的商品，依然有热情周到的服务。改变的只是商品更加丰富了，服务更加完善了，顾客当然也更加满意了，来商场买东西的顾客也更加多了。

这个小商场的成功，其实就是找准了自己的客户群。它的周围都是居民，是普通的老百姓，平时需要的就是柴米油盐酱醋茶、针头线脑这些日常生活必需品，只要能很好地满足他们的日常需要，使他们得到生活的实惠，感觉到购物的方便和自在，他们并不在意商场有多么气派，装修是多么豪华，这个小商场的存在也正是契合了客户的这种购买心理。

其他的大商场之所以在竞争中一个个败下阵来，而这个不起眼的小商场，却从小到大、由弱变强，逐渐成长起来，就是因为这个小商场，找准了自己的客户群。

找准了自己的客户群，这个小商场在平时经营的时候就有了方向，怎样去顺应客户群的习惯和需求？怎样让客户到自己的店里有一种宾至如归的感觉？怎样才能充分地满足客户群的需要……这个商场就有了明确的定位和考虑。

商海茫茫，销售者不可能面面俱到、不分主次。眉毛胡子一把抓，就会什么也抓不住。只有根据自己的行业特点、经营性质，找准适合自己的客户群，才能把"好钢用在刀刃上"，才能找到努力的方向，这才是成功的关键。

例如，一家太阳能热水器的销售商，他想知道哪些人是自己的客户群，哪些人有可能成为自己的客户群，哪些人不应该是自己考虑的对象。

其实，那些在各省市经销太阳能热水器的客户，那些买了新房正在考虑装修的客户，那些准备做太阳能热水器下乡的政府单位以及新建的宾馆、旅店等都是自己的客户群。

另外，还有一些看中太阳能热水器这个行业，但自身没办法生产的，可以作为自己的潜在用户，可以在可能的情况下帮助他们代加工；还有一些想做太阳能热水器经销的客户，以及楼盘和工程开发商也是潜在客户，因为通过他们可以了解楼盘的进度和客户的信息，并利用他们帮助自己做太阳能热水器的推广工作，将会为自己省下很多的力气。至于那些根本没有安装太阳能计划，或没有安装太阳能条件的客户，就不应该是自己要考虑的对象。

明白了自己的客户群，也就是确定了进攻的方向，这样才能"集中精力打歼灭战"。如果没有目标，你就是再努力也只能是"背道而驰"，不但无益，而且会耗费自己的精力和财力，得不偿失。

所以，作为一个销售者准确地定位自己所需面对的客户群，是最基本也是首先要做的工作。但怎样才能找到适合自己的客户群呢？应该从以下几个方面去努力：

（1）先给自己的产品一个定位，你的产品是高档的奢侈品，还是中档或者低档的消费品，然后再去找适应你的商品的客户群。是高档的奢侈品，你就去找高收入的人群，到一些高档的专卖店、小区、别墅或者一些高档的消费场所，向一些讲究高消费的人群推销你的产品，并在商品价格的定位、包装的档次等方面去考虑这个人群的消费习惯；中档或者低档的产品，你就要面对大众，走群众路线，熟悉大众的需求和习惯。

（2）根据自己的行业特点、产品性质、适应人群，对市场做认真的调查研究、分析筛选，通过理性的判断，确定自己的客户群和潜在的客户群，然后重点向确定的客户群推销自己的产品，主动地让客户了解你的产品，熟悉你的产品，使用你的产品，让你的产品覆盖你的客户群。并在你有了固定的客户群以后，培养你的潜在客户群，为扩大你的客户群做充足的准备，才能使你的销售越做越好。

3. 熟知自己产品的亮点

有一个很有志向的青年，见到父亲白手起家，他也决心开创自己的一番事业。于是，他历尽千辛万苦来热带雨林寻找一种高10余米的树木，据说这种树十分稀少——整个热带雨林也只有一两棵，而且相当奇特珍贵——砍下这种树木，一年后外皮脱落，木心的沉黑部分会散发一种香气，放在水中会沉入水底。

幸运的青年找到了这种树，他把一棵树运到了市场销售，却无人问津，这让他十分失落。相反，旁边卖木炭的生意却出奇的火爆。

后来，他只好把香木烧成木炭进行出售，很快就卖光了。青年为自己改变了主意而自豪，回家告诉他的老父，不料父亲却十分惋惜。

原来，青年烧成木炭的香木竟是世界上最名贵的树木——沉香。老父说："沉香一块粉屑的价值也超过了卖整年的木炭价值。"

可见，由于对产品的认识不足，没抓到产品的亮点，再加上对市场的了解不充分，这位年轻人因小失大。所以，要想在竞争激烈的市场中站住脚，销售者在销售之前就要充分挖掘产品的亮点，知道产品的价值所在，让客户一眼就能被产品吸引。

众所周知，沙漏是一件古老的器具，它在时钟发明之前担当着测量时间的重任，当时钟问世后，它就渐渐地销声匿迹了。但是，有个人却将它当作玩具来出售，可是，由于沙漏的趣味性有限，很多孩子都不大喜欢，因此销量很小，最后，那个人的工厂也几近破产。

有一天，这个人看到了很多人因为无法控制打电话的时间而苦恼。这个现象给了他灵感：做一个限时三分钟的沙漏，这样一来，当人们打电话的时候就能根据沙漏把握时间了。所以，把沙漏装在电话机旁，这样当人们打长途电话时就可以控制打电话的时间了，这样一来，电话费也就可以得到有效控制了。

这个沙漏的设计其实很简单，一个精致的木板和一条铜链，然后用螺丝钉钉在电话机旁就行啦。而且，这个东西还可以是一个精致的装饰品，让本来索然无味的电话机变得有了一些玩味的乐趣。

很多人都担心电话费超支，这种沙漏一经问世便广受欢迎，销路很不错。这项小发明也成功挽救了那个濒临倒闭的小作坊，后来，这个小作坊也发展成了一个大企业。

可见，如果销售者能够找到产品的亮点，然后还能结合消费者的需求，那么，销售一定会变得轻而易举。

Windows2000 系统在推销之初，微软是把它作为一个家庭平台进行销售，但是后来发现它是一个极佳的游戏平台，于是微软就对其进行了策略更改，将 Windows2000 能够作为游戏平台的亮点进行宣传扩大，最后大获成功。

在如今竞争激烈的市场经济时代，同类产品层出不穷，销售者要想成功地说服客户进行购买，就必须吸引住客户的胃口。那么，怎么才能吸引住客户的胃口呢？毫无疑问，产品的亮点肯定是制胜法宝。

美国艾士隆公司一度陷入疲软不振的境况，董事长布希耐也很无奈。心烦意乱的他驱车前往郊外散心，无意间看到几个孩子对一只肮脏而丑陋的昆虫爱不释手。

这个事情给了布希耐启示，他意识到，在儿童的心理上，某些丑陋的玩物却占有很重要的位置，于是他决定改变公司的研发方向——生产一套"丑陋玩具"。产品一经面世便得到了孩子们的欢迎，"丑陋玩具"引发了美国的一股玩具热潮。

从此，艾士隆公司便致力于开发各种极尽丑陋的玩具，如

"病球""粗鲁陋夫"，臭得令人作呕的"臭死人""狗味""呕吐人"等。尽管售价远超普通玩具，但是孩子们依然十分钟爱，而且长盛不衰，仅"病球"一种销售就达近千万个。"丑陋玩具"系列给艾士隆公司带来了极其丰厚的利润。

可见，销售者一旦发现了产品的亮点，就相当于抓住了消费者的购物神经。但是很多销售者一般都是采用常规的方式对产品进行介绍，这样一来，消费者听起来索然无味，销售者也会很受打击、提不起精神，那么营销人员该如何掌握和运用产品的亮点呢？

其实，对消费者来说，产品的亮点无非以下几种：

（1）节约资金；

（2）使用方便；

（3）使用安全；

（4）人文关怀；

（5）难以抗拒的成就感；

当然，不同的亮点，表达方式也有所不同：

（1）"优越的技术能为您节约资金，同时享受高水平的产品。"

（2）"使用方便，不用耗费大量时间来学习。"

（3）"这种产品无毒无害，不会给您带来附加危害，绝对安全。"

（4）"这种产品采用人文化角度设计理念，会给您和您的家人带来前所未有的关怀和呵护。"

（5）"产品的设计正体现您的超凡品味，能提高您的影响力。"

当然，任何产品的亮点都必须和客户的实际需求相一致，不符合客户需求的亮点只会让销售南辕北辙。

当客户有意购买产品时，销售者可以拿客户的理想需求与产品的亮点进行对比，从而明确哪些亮点是符合客户愿望的，这样一来有针对性地介绍更能切中客户的心理要害。那怎样尽量突出产品的亮点呢？

（1）强调产品的亮点。反复强调产品的亮点，并对产品的亮点进行扩展，这样既可以抓住客户的注意力，还能深化客户购买的欲望，进而坚定客户的购买信心。同时，销售者在介绍产品的亮点时也要坚持实事求是，表现出沉稳、自信和真诚的态度，给客户一种坚信不疑的感觉。

（2）弱化那些无法实现的需求。毫无疑问，即使销售者把产品的各项优势说得再天花乱坠，也躲避不了客户对产品不足的猜测，那么销售者可以用下面这两个方法来弱化客户的不满：

其一，用差价来弱化客户对价格的异议。比如，"您只不过多支付100元就能享受更高质量的产品和服务"。

其二，从贴近生活的角度进行弱化异议。此时的销售者应该对产品有一个充分的了解，然后从生活中寻找弱化方案。比如，"这样优异的产品，只需您每天少抽一支烟而已"。

4. 让"权威"为你的产品保驾护航

美国心理学家曾做过这样一个实验：

心理学教授在给一个大学心理系学生上课时，请来了一位据称是来自瑞典的著名化学家。在试验中，这位"著名的化学家"标榜自己手上一个瓶子里装的是他最新发现的一种物质，有些气味，然后请在座的学生闻到的举手，结果大多数学生都举起了手。对于一瓶普通的蒸馏水，面对权威的著名化学家，大多数学生都在无味中品出了气味。

气味是从哪里来的呢？毫无疑问，这是因为权威效应的存在。

现实生活中，我们对位高权重、德高望重的人所提的意见和建议会采取认同和模仿的行为，而对地位低的人所提的意见和建议则不会轻易接受，这就是心理学上的"权威效应"。正所谓"人微言轻、人贵言重"，这也是对"权威效应"的完美诠释。

生活中，人们会不自觉地把权威人物的思想、行为和语言作为参照，以此带来安全感，同时，对权威人物的模仿也能很顺利地得到各方面的认可。

马斯洛是人本主义心理学的代表人物，他认为："安全感是人类保障自身安全的需要，也是除了生理需要之外第二个必须得到满足的需求。"在销售中，在客户做出购物决定之前，会考虑除了生理需要外的更高需求层次，即追求安全感，也就是产品给他们带来的安全感，或者是该产品能不能给他们避免那种不安全的威胁。所以，作为销售者要了解客户的安全心理需求，努力为客户营造消费的安全感，而利用权威效应恰恰能让客户安心购买、放心使用。

原一平劝说山本先生投保时，遇到了山本的一些无意义的反驳。原一平耐心听完山本的反驳后对山本说："山本先生，我知道您有足够的能力为您的家人购买一份安全和健康的保障。可是，您仍然不能下决心购买保险，也许是因为之前向你介绍的产品未能让您满意，那么有一种'29天保险合同'也许更适合您。"

山本先生很疑惑，于是问道："这是一种什么保险方式？"原一平注视着山本先生说道："'29天保险合同'与过去我向您介绍的保险相比金额是相同的，满期退还金额也是完全相同的，而这种保险只需要花费正常规模保险合同的50%。"

从山本先生的表情可以看出他的兴趣："为什么只需要花费50%的保险费就可以享受同等的待遇呢？这里应该有附加条件吧？"

原一平仍然用很淡定的语气说道："山本先生，'29天保险'即您收到的保险是29天，另外两天您可以自由支配。"

"您也许会选择在家里支配您的休息时间。但是据有关统计数据表明，家里却是一个最不安全的地方。"一边说，一边把一些事先准备好的资料交到山本先生手中。

山本先生立刻转喜为悲。此时，原一平接着说："山本先生，原谅我向您推荐的这种保险方式没有彻底考虑您和家人的安全，这确实是一种不负责的表现，而您向来对家人的责任感表示强烈的看重。您肯定会担心，意外伤害会不会就在每月的那一两天发生。"

山本先生对原一平的话表示高度的赞同，原一平继续说："山本先生，您放心，目前我们公司尚不提供这种保险方式，请谅解我的冒昧。当然，我觉得您一定也了解了正常保险规模的意义。有了这种保险，无论在何时何地，您都可以享受安全的保障，对您家人的这种保障不也正是您所希望的吗？"

此时的山本先生可谓心服口服，他很高兴地购买了一笔最昂贵的保险。

可见，客户在做出购买决定之前，很多情况下考虑的是产品给自己带来的安全感，因此，销售者就要想办法打消客户的顾虑，让客户对产品和自己拥有足够的信任。那么销售者不妨用权威的方式给客户打一剂安定剂，让客户没有后顾之忧地购买产品。那么销售者该如何让"权威"为你的产品保驾护航呢？

首先，成为产品的"权威"。客户在购买之前，必定会先核实自己对产品的猜测，之后才会做出购买决定，所以，掌握完备的产品相关知识和销售知识能促进销售者的语言更具专业化，向客户提供出高质量的信息，比如，制造厂商、产品的行业前景以及发展走向等一切有关产品的信息。把专业而完善的产品专业知识用通俗易懂的语言向客户做一个权威介绍，成为这个产品的"权威"，这无形中会增强客户对产品的信任感，从而客户内心的安全感也自然提升了。

其次，向客户介绍权威人物作为参照。在销售的过程中，销售者不妨提及某某知名人物做形象代言人，或者拿出一些有影响力的机构认证书来突出自己的商品，当然还可以涉及权威人物也使用过该产品，这样既能满足客户的虚荣心，又能满足客户的安全感，从而让客户顺利做出购买决定。但是，要切记该产品确实是被某个权威人物使用过，毕竟欺骗不会让产品有长远的发展。

5. 用"诚信"让客户看到你的"诚意"

亚洲最顶尖的演说家陈安之说过："卖产品不如卖自己。"如果客户相信你，无形中也会对你的产品增加几分信任和好感。其实，客户在面对销售者时，心理上最大的忧虑就是遭受欺骗，买错产品，而这种心理上的不信任随着失败的购物经历会越积越重。所以如果销售者要保持前后一致的职业形象，用"诚信"让客户看到你的"诚意"，赢得客户的信任，客户心中的忧虑才会降低，进而提高成交的概率。

古人曾说过："人而无信，百事皆虚。"说的就是如果做人不讲诚信，就会得不到别人的信任，什么事都不能成功。作为销售者更应该时刻记住这句话，否则销售之路将越走越窄。

太平天国时期，一个军官在胡雪岩的钱庄存了银子，却不要存折也不要利息。在这位军官身负重伤之际，托付一位老乡到胡雪岩钱庄取回银子回四川老家还债，胡雪岩听过这个没有带存折的老乡的话后，不但给了他本金，而且还按当时的规定足额支付了利息。

这个消息不胫而走，胡雪岩钱庄吸引了很多前来存钱的人，生意也越做越大。

可见，诚信的力量多么巨大。作为销售者要时刻把诚信记在心中，实施在销售中，这样的话，即使不去推销，生意也会来到面前。讲究诚信被无数成功的企业家奉为立业之本，著名晋商乔致庸也是其中之一。

乔致庸的经营理念是"信义利"，他始终把"诚信"放在第一位，而"赢利"始终在后面，在他的销售经营中也一直践行着诚信理念，宁愿赔钱，也不失信于人。

一次，包头复字号油坊的伙计在胡麻油中掺假，乔致庸发现后下令在各处贴出"公告"：凡是买到掺假胡麻油的客户都可以全额退款，同时，他将掺假的胡麻油以绝低的价格卖给人们当灯油，并严惩了掺假的伙计。因此，复字号在客户心目中的地位得以重树。乔致庸从包头赶到祁县后，立即给刚上任的复字号大掌柜马荀送去了一块写有"诚信"二字的大匾。

还有一次，乔致庸亲自前往武夷山贩茶，要知道他可是冒着生命危险的，但是他却将一斤的茶砖做成一斤一两装，招来了大量的客户前来购买，同时也堵住了一些爱挑剔的客户的嘴。

也许我们会觉得乔致庸这样做会损失很大，但是从长远角度看，他赢得了信誉，抓住了更多客户。作为销售者同样也要看中长远利益，否则只可能是"一锤子买卖"，得不偿失。

华人首富李嘉诚经商成功的秘诀被人问到，他总是说："无他，一字矣——信。"同样，百年老字号同仁堂的店训就是："炮制虽繁必不敢省人工，品味虽贵必不敢减物力。"这是中国商业诚信的典型代表。

因此，作为销售者也要诚信待客，让客户看到你的诚意，用诚意打动客户，只有这样在销售中客户才会不由自主地降低对产品购买的疑虑。其实，很大程度上，客户之所以做出购买决定，不单单是因为客户对产品很满意，销售者对自己的信心也无形中激励了客户的信心，从而成交也就顺其自然了。

那么我们该如何发展个人信用度来向客户证明我们的诚意呢？

（1）从衣着上让客户有种值得信赖的感觉。衣着要讲究、得体，服装、佩饰的选择、颜色等要与你的个人定位、商品特征相符合，总之，要把自己打扮成一副值得信赖的模样，让客户一眼就能看出你是个值得信赖的人。如果客户对你的第一印象就感觉不信任，觉得你会欺骗他，那么他就绝不会给你机会证明你的诚信。

（2）做好充分的准备，防止临时事变的发生。事前做好分析，考虑好可能发生的变化，做好随时应变的准备。

（3）合理而专业的商品介绍。问销售者会不会介绍产品，肯定没人会否定，但是问他们是否善于做产品介绍，也许很多人都不能底气十足。然而，要想建立个人的信用度，科学而富有技巧的产品介绍必能为你增光几分，所以事前要把准备说的话做好充分的准备，做到字斟句酌，规划一下先后顺序，从而向客户证明整个销售是有组织、有结构且最专业的，这样能够增强客户对产品的信心。

（4）找准一个面对客户时礼貌且富有亲和力的仪态。礼貌交谈很重要，能更加体贴入微更能让对方接受，从而赢得客户信任，拉近与客户之间的距离。

（5）重视好老客户的推荐。从心理学上的"权威效应"着手，向客户列举具有较高影响力的老客户，来证明产品的影响力，从而引导客户产生信赖之感。俗话说"广告做得好，不如口碑好"。所以销售者可以事先准备好使用者的名单、照片，以及"使用感言"等资料来支持你的论点。客户参照名人的影响，会提高销售者的信任度。

（6）不忘与客户保持密切的长期联系。只有敢于跟进服务，才能充分证明产品和人品的诚信度，毕竟没有人会拒绝和一个诚信且对人细心、勤快、行动迅速的人交往。

（7）恪守时间，拒绝爽约。当与客户约定好某时会面时，一定要提前前往以等待客户，这样更显得真诚，也更容易给客户留下一种诚信的印象。

6. 专业知识会令你身价倍增

如果销售者对客户的询问一问三不知，哪怕客户对产品无比地感兴趣，也会转身就走。所以每个销售者都应该对产品的专业知识了如指掌，只有这样才会令你和你的产品身价倍增。

一旦客户对某个产品感兴趣，他们往往会有很多的问题向销售者询问，如果销售者对客户的疑问能一一妥善解决的话，客户会对产品更加有兴致，进而成交也就在意料之中了。相反，缺乏专业知识的销售者只会让客户对产品的第一印象大打折扣，进而以失败告终。

可口可乐公司曾对几个大客户做了一个关于优秀销售者最杰出的特质的调查，结果表明，具有完备的产品知识是共同的答案。可见，对产品专业术语的学习有多么重要，它无形中能抬高销售者的身价，使销售变得顺畅。

从心理学上讲，人们也更容易听信"权威人物"的话，而专业术语的熟练应用无形之中也使销售者成了客户眼中的"权威人物"。因此，销售者要练就一套专业术语，让自己的言语更具有说服力。

那么怎样才能显得自己比较专业化呢？销售者应从以下几个方面加强和完善：

（1）语言的专业化。毫无疑问，掌握完备的产品相关知识和销售知识能使销售者的语言更显专业，在现代化的商业社会中，没有一种东西比知识更具有潜力和价值。

现代的客户要求产品具有以信息形式存在的附加价值，而这个附加价值就需要销售者来向客户传授，那么成了产品或服务专家的销售者也将成为市场的主导。

客户在购买产品之前，必定会先核实一下自己对产品的猜测，之后才会做出是否购买的决定，为此，掌握牢靠的产品知识将是销售者的成功之选。美国前总统克林顿向国民演讲时经常会提到一句话，"显然你收入的多少将取决于你的所学"。

（2）销售者必须知道得比客户多。可想而知，如果一个销售者对自己的产品信息介绍得模棱两可，客户一定不会踏实买单，只有充分了解自己的产品，才能显得比客户有更强的专业性、权威性，才能让客户对你和你的产品产生高度的信赖，才会放心地购买产品。如果你是一名汽车推销员，你最好对汽车的配置和保养了如指掌；如果你是一个房产销售者，你最好具有一流的房屋品鉴能力；如果你是一个服装销售者，你最好对近远期服装的流行趋势有一个细致的把握……只有这样，你才能向客户专业地介绍产品的相关信息，进而赢得客户的信任。

当客户想要购买某个产品之前，他们都会查阅很多资料对产品进行了解，如果销售者还没有客户知道得多，客户哪里还会有兴趣与你多费口舌，毕竟这种产品并非只此一家出售，所以销售者要懂得比客户更多的产品信息。

一个销售英语学习材料的人，在电话中对客户进行销售，他苦口婆心地向客户承诺"在短期内必能说流利英语"。但是客户并不怎么相信，而这位销售者仍然不肯挂电话，然后，客户很纠结地说："如果你能把刚才你说的话用英语复述一下，我就买了！"他一阵无语，最后无奈地挂了电话。

因为，他本人都不能说服自己，还怎么说服别人呢？之所以叫专业，就是客户知道的你要知道，客户不知道的你也知道，如果客户知道的你不知道，那还怎么称得上专业呢？

（3）专业以外的知识也不可放过。当今社会是多元化社会，要求人们也该具有多元化知识。作为销售者，既要熟悉专业知识，同时还要对产品的边缘产品和同类产品的知识了如指掌，只有这样才能在与客户交流时游刃有余。很多客户会这样说："你们的产品没有某某的产品质量好，服务周到。"这时，如果销售者对那个产品不了解，将不能有效地与那个客户沟通、反驳，从而使这个交易失败。

（4）向客户提供高质量的信息。在如今信息高度发达的时代，客户需要更高的服务和质量，这就要求销售者要了解更高质量的信息。客户在购买之前，想要了解制造厂商、产品的行业前景以及产品的发展走向等一切关于产品的信息，所以要想搞定信息高度开放时代的客户，你就需要具备更多高质量的信息。

安东尼·范格兰刚从荷兰旅行归来，就知道自己错过了北海爵士音乐节，而错过的原因就是因为自己不知道音乐节会在这个月举行。他想了一下，这样一来，会有很多人因缺乏对即将旅行的国家的了解而错失很多经历，他充满好奇地向很多旅行社打电话问询，结果很多旅行社也不知道此事。于是，他投资开办了一个"旅行者日记"的网站，刊登详尽且定期更新的信息，包括西欧各国的重要音乐会、事件、贸易博览会和展览会等，很快就有很多旅行者决定和他成为合作客户。

安东尼·范格兰的成功经历告诉我们，客户需要对产品或服务了如指掌，才会买单，所以，当我们拥有更好的销售表现及博学多闻的知识时，我们将揽住更多的客户。

第七章　怎样把梳子卖给和尚

——如何在与客户的心理博弈中占上风

THE PERFECT SIGNING

OF THE SALES

PSYCHOLOGY

1. 巧妙避开客户的"防火墙"

在实际销售过程中，销售者往往刚表明来意就被客户告知"暂时不需要，等有需要时会打电话给你"或者"现在很忙，马上要开会"。总之，客户与销售者的关系有时就像杀毒软件与病毒一样，客户一见到销售者就立刻启动了"防火墙"。

为什么客户总是如此对待销售者呢？为什么客户面对销售者会想出这么多的拦截理由呢？我们不妨来做一个换位思考：

首先，当你正在办公时，销售者敲门而进，工作节奏一次次被打乱，毫无疑问这对谁来说都不是一件愉快的事。

其次，有时你并不需要销售者推销的产品，而很多推销人员并不考虑你的需求，总是喋喋不休。

最后，有些产品客户是在不需要的情况下被销售者"蛊惑"从而购买的，之后可能会因一时冲动买了一件不合心意的产品而追悔不已。

从心理学角度分析，人们都有"趋利避害"的自我保护心理，所以经过上面这些经验教训之后，客户会自然而然地竖起自己的"防火墙"。

那么，销售者该如何应对客户的"防火墙"，并有效地规避客户的"自我保护"心理效应呢？

首先，开场时应避免启动客户的心理"触发点"。客户之所以竖起"防火墙"，很大程度上是因为销售者在开场时就让客户起了防备心理，所以，销售者在拜访客户之前要对客户有个比较全面的了解，并对客户的心理需要有一个准确的把握，同时要特别注意开场白的设计，开场白最好简单化，比如，"我是某某集团……"如此一来，客户不会对你的公司产生过多联想，从而规避了客户的心理"触发点"。

另外，如果销售者所处的企业很具影响力的话，销售者不妨直截了当地介绍，这样直抒胸臆的表达，无形中降低了客户对销售的压力。

其次，用恰当的提问避开客户的心理"触发点"。一旦有机会拜访客户，销售者在与客户有礼貌地做过初次见面的一系列礼仪之后，要提出自己为客户设计好的问题，而这个问题最好有趣或者是能引起客户的兴趣，总之要不同寻常，因为只有这样才能吸引客户的注意力，从而规避客户的防御机制。

比如，当销售者问客户："我能向您请教一个问题吗？"然后，就可以把自己的来意和盘托出了，毕竟也是占据了销售的主动。

另外，当销售者问客户："您一定不会错过一种经过检验的，能让您的销售额每年增长30%～40%的方法吧？"这时，客户肯定比较有兴致从而无法拒绝。

可见，作为销售者，要对客户有个足够的了解，进而才能有效地控制谈话的局面，规避客户心理"防火墙"的"触发点"。

最后，要调动客户的积极性。销售者要面对不同人群，很多情况下，尽管开场白很好，问题也很恰当，但是客户依然犹豫不决，不热不冷。这时，面对客户的不情愿，销售者该如何做呢？其实不妨把主动权转让给客户，让客户自己发挥。

客户之所以心存防备，是因为对销售者的信心不足，这时销售者如果能勾起客户的欲望，让客户主动探索产品的相关信息，那么客户的"防火墙"将不攻自破。

让我们来看看下面这个故事：

美国人派森为一家画室推销服装设计师的设计花样草图，前三年间，勤奋的派森每周都要前往纽约拜访一位著名的服装设计师。

可每次都是这样的结果：那位设计师并没有拒绝，并且认真看草图，但是依然没有成交的打算。就这样，派森失败了150次，耐心几乎到了尽头。终于有一天，他带着几张草图，驱车前往那位设计师的办公室，鼓足勇气对他说："如果你愿意，请帮我一个忙。这是一些未完成的草图。能不能告诉我，我怎么做才能对你有帮助呢？"

那位服装设计师看了一眼派森，然后默默看了看这些草图后对派森说："把这些图留这儿几天吧，过几天你来找我。"

7天后，派森接到了那位设计师的电话，从电话中得到了一些建议，派森立刻按那位设计师的建议完成了后续修饰工作，出人意料的是，这些图全被接受了。从此以后，那位设计师开始陆续订购由他自己指导的图案，派森也在这些交易中受益颇深。

恍然大悟的派森颇有感触："难怪我那么多年的坚持也没有打动他。以前，我总是按照自己的想法向客户推销自己认为对他有用的东西，现在想来是多么愚蠢。"

很多销售者都曾像派森一样"以销售之心度客户之腹"，然而，当他转换方式调动客户的积极性之后，就收到了良好的效果。可见，把销售的主动性巧妙地转让给客户多么重要。

如果销售者的谈话是以这样的方式开始："我们的产品已经被数百家公司采用，效果已经被证明，我只需要向你借用10分钟时间，向您介绍这个对您有用的东西，然后成交与否，由您决定。"

可想而知，如果销售者用这样的谈话方式交谈，没有哪个客户不愿意腾出 10 分钟时间，毕竟这个产品足以引起客户的注意。

相反，如果销售者以这样的方式开始：

"今天上午 10：30 和明天上午 11：20，哪个时间您比较方便？"显而易见，这样的二选一的方式是在逼迫客户必须与你沟通，客户势必会在心里产生逆反情绪，从而触发"防御机制"，这样一来，客户必定拒销售者于千里之外。

2. 时刻站到客户的角度想问题

有这样一个真实的故事：

> 爱默生养了一头小牛，儿子也很喜欢这头小牛。有一天，天下雨了，他们想方设法地要把这头小牛赶进牛圈里，于是，爱默生从前面拽着鼻子，儿子从后面推着牛屁股，但是小牛并不理会主人的深情厚谊，依然一动不动地不肯进去。
>
> 这时，旁边的爱尔兰女仆看到他们费那么大劲儿也没有奏效，就对他们说我来帮你们吧。说完，女仆走到小牛前面，把拇指送进了小牛嘴里，小牛会意地一边吮吸着她的拇指，一边跟着她进了牛圈。

看到这里，我们不禁要问：为什么女仆轻而易举地就达到了目的，而父子俩大费周折也没有达到呢？很明显，这是因为女仆站在了小牛的角度思考问题，满足了小牛的需要，而父子俩只是考虑到自己的目的，并没有顾及小牛为什么不情愿。

从心理学角度分析，大部分人都有一种习惯性思维：自己的利益第一，别人的利益第二，先考虑自己，再考虑别人。说服别人对很多人来说是很难的事情，那是因为他们从不考虑别人的感受，只从自己的利益出发，如果能站在对方的立场思考问题，在满足自己的要求之前先满足对方的要求，那么问题也就迎刃而解。

> 著名的美国律师兼大企业的巨头之一欧文·扬，曾经指出："那些能够设身处地为他人着想、懂得他人心理活动的人，从来不需要为前途未卜而忧心忡忡。"
>
> 一对夫妻乘公共汽车去游山，中途下了车，可是没过多久，他们就听说那辆车没走多远就遇到了山体崩塌，结果车上的人无一幸免。妻子说："咱们真幸运，下得真及时！"丈夫说："不，是因为咱们的下车，耽误了车子的行程，这才赶上了山崩的发生。"

换位思考的实质，就是设身处地站在对方的立场考虑问题，为他人着想。

现实生活中，我们总是对说服别人表示很困难，进而抱怨别人不通情理，可是我们是否思考过这几个问题：你反思过自己的行为吗？你站在谁的角度思考问题？也许一直攻不破的屏障就在于自己的心态。换个角度，站在对方角度去思考，也许以前关闭的门也都就此打开了。

销售过程中，很多销售者只关心客户是否购买，自己能赚到多少利润，却并不关心客户的需求是否得到满足，客户对产品是否满意。这样的话，只能让客户无法主动去购买，甚至无法成交。

汽车大王福特说过这样一段话："假如有什么成功秘密的话，就是设身处地为别人着想，了解别人的态度和观点。因为这样不但能得到对方与你的沟通、理解，而且可以更清楚地了解对方的思维轨迹，从而有的放矢，击中要害。"

站到对方的立场考虑问题，是理解对方的基本前提，一个固守己见、不能理解别人的人也不会受欢迎。那么如何才能有效地换位思考呢？

首先，要从心理上肯定这个世界上每个人都是与众不同的，同时认可不同的人对同一件事会有不同的看法。这是换位思考的先决条件，也是从心理上扫除认同别人的基础。

其次，要保持一颗宽容的心态。不管别人有什么样的想法，我们都要用一颗宽容的心态接受。

最后，换位思考要设身处地地站在别人的立场思考问题，但是并非把自己的脑子移植到对方的脑子上，而是要把自己的脑子对接到对方的问题上。

3. 让客户知道他不买产品的损失

很多时候，客户在购买产品时都会心存侥幸，认为买与不买并不能给自己带来多少损失。因此，销售者往往处于被动地位，即使把产品的好处说尽，也不能改变客户拒绝购买产品的决定。

为此，销售者不妨施加一些"威胁性"的言语，让客户明白不买产品的损失，或是让客户感觉到即将失去某种产品的使用权。此时，客户也许会重新审视一下刚才的决定。

很多时候，人们都有这种心理，得不到的东西才懂得珍惜。所以，销售者不妨利用一下客户的这种心理，让客户看到不买产品的损失，从而做出购买决定。

人都有一种物以稀为贵的心理，怕买不到就会争先购买，而可供挑选的时候便不予理睬。在现实的销售中，很多商家会进行一些限期销售的活动，以此向客户传达一种"威胁"——暗示客户如果不及时购买，将错过某项优惠，如此销售者便不再挑三拣四，反而疯狂抢购。所以，销售者也不妨利用些这样的"威胁"措施，让客户有种"假如不买产品，将受损失"的危机感。

有个富有的家庭，夫妻两个各办一个企业，保险销售者小杨想说服他们购买保险。在得到拜访机会后，那位大姐接待了他，只是还没等小杨开口，大姐已经做出了决定。

大姐：您好！小杨，我们全家都对你这个人表示认同，你的确是个很优秀的小伙子，但是，经过我们的家庭会议讨论后，一致决定不买保险了。

小杨：能告诉我什么原因吗？

大姐：因为我有个购物习惯，每当我想买某个东西的时候，我就会问自己，问完我就不买了。

小杨：那么关于保险的事，你是怎么问自己的呢？

大姐：一次，我在商场看中了一个翡翠戒指，价值两万多，而我早就对那个戒指梦寐以求了，但是当我即将付款的时候，我问自己不买会死吗？我深信不买不会死。因此，我决定不买了，面对这个保险，我问自己不买会死吗？当然，结论仍然是不会死。

小杨：谢谢你，大姐。我有幸得知不买保险不会死，但是人总会有死的那一天，如果不买保险的话，死后会很惨。当然，并非你死得惨，而是那些依靠你的人会很惨，毕竟你死了以后，他们除了悲痛万分之外，其他一无所有。而保险是一个以一换百的保障方法，而且没有任何东西能够替代……最后，大姐终于做了一百八十度大转变，做出了购买决定。

可见，当销售者向客户表明不买产品可能失去某些东西时，他们会重新考虑购买决定，很显然，这个方式远比滔滔不绝地向客户介绍产品的好处更有吸引力。那么作为销售者该如何让客户明白"不买产品的损失"呢？

（1）向客户表明"不购买产品就会有损失"时，最好正反两方面相结合。否则，只表露不购买产品的损失，会引起客户的不安，从而使销售会谈陷入尴尬不安的境地。销售者只需把正反两方面的情况向客户表明，客户自会自行比较。

（2）善意的"威胁"。销售者要从尊重和关心客户的角度，进行有计划性的"威胁"。这里所说的"威胁"其实是采用一种暗示的方式，向客户传达一紧急的信息，而这是一种客观的、实际的方式，切忌用谎言欺骗，否则，客户一旦发现，不但订单泡汤，而且销售之路会越走越窄。

（3）熟知产品的相关信息，并对客户的需求做出科学准确的判断。从心理学角度分析，客户之所以购买某件产品或服务，是因为这件产品不仅给客户带来了某种便利，还为客户提供了一种安全感，所以销售者不妨巧妙地提醒客户即将失去安全需求，从而触动客户的内心。因此，销售者不仅要了解产品的相关信息，还要了解客户对产品的安全需求，从而切中要害，避免大费周章地进行解释。

（4）"威胁"的方法要适度，切勿激怒客户。毕竟，"威胁"只是逼不得已才会使用的策略，所以在使用时，也要根据不同对象采取不同的方式，从而让"威胁"能真正深入客户的内心。

（5）"威胁"时给客户充分的时间思考。因为当客户了解了不买产品的损失后会在内心做出对比，如果只顾着"威胁"客户，不给其时间进行思考，客户就会觉得自己受到了逼迫，如此一来有可能被激怒，从而中断谈话。

（6）酌情做出适当让步。如果客户明白了不买产品的损失后，仍然没有被触动，不妨适当地做出一些让步，让客户更容易接受。

4. 千万不要在客户面前对自己的产品露"怯"

在销售中，如果销售者对自己推销的产品都没有信心，还怎么期望得到客户的青睐呢？客户是不愿意与缺乏信心的销售者打交道的。如果销售者对自己的产品没有信心，那么客户也会觉得和这样的销售者谈生意没有安全感，甚至怀疑产品的可靠性，所以要想得到客户的认可，就不要在客户面前对自己的产品露"怯"。

小张是从事医疗器械销售的，初到公司时他曾满怀信心地向经理这样说："只要公司录用我，我可以不要薪水，只按销售额抽取佣金。"结果小张被录用了，经理答应了他的请求。

上班第一天，小张就列出了一份其他销售者未能洽谈成功的客户名单，并主动拜访，而且在每次拜访之前，小张都会大声地对自己说："我们公司的医疗器械是同类产品中最优秀的，我是在为客户提供最优秀的产品，他们会接受的。这个月我要征服所有'钉子户'。"每次拜访之前他都会如此重复三遍，才会敲开客户的门。

第一天，他谈成了两份交易；第二天，他仅成交了一份……到第一个月的月底，只有一个客户未能成交。但小张并没有放弃，反而在第二个月里，每天早晨都如期拜访那位客户，只是，每次那位客户都会用"不需要"来拒绝，不过，小张依然信心如初。

直到第二个月月底，那个一连说了六十天"不需要"的客户对小张说："你已经浪费了两个月时间了，你本可以发展更多的客户，何必一直坚持如此呢？"小张很自信地说："我并不这么认为，我觉得我没有浪费时间，因为我从来没怀疑过我们的产品，我相信这个产品会给您带来益处，不能将这么好的产品送到您的手里，我会终生遗憾。"

客户终于被小张的自信打动了，最后，他终于和小张签单了。

销售是一场心理博弈，勇敢的心是销售成功的法宝，而在这份勇敢中，对产品的高度自信正是决定博弈成败的关键，要使产品更具说服力，使客户心服口服地接受，就不要在客户面前露"怯"。

你要相信，销售是为客户提供利益的工作，只有销售者相信自己的产品能给客户带来利益，才能说服客户相信产品能给他们带来好处。反之，如果销售者对自己的产品缺乏信心，把销售看作卑微的职业，低三下四地求客户签单，反而没有任何效果。

在销售过程中，销售者不但要对自己有信心，更要相信自己的公司。如果销售者认为自己的公司不出色，那么也不会很喜欢自己的公司，也不会全力以赴。所以，销售者一旦选择了公司，就要相信公司的产品，并且时刻向客户传达公司的产品是最好的。

乔·吉拉德是雪佛兰汽车的销售者，他深知雪佛兰汽车并非世界上最好的汽车，他也买得起其他任何牌子的汽车，但是他从来都是开雪佛兰汽车。他说："你必须相信自己的产品是同行业中最好的。每当我见到很多销售雪佛兰汽车的经销商开着凯迪拉克和梅塞德斯去上班，我就觉得很难过，要是我开着凯迪拉克汽车去见客户，客户会怎么想呢？会不会觉得乔·吉拉德是不屑于坐自己销售的车呢？在我看来，向客户传达这样的信息真是愚蠢至极。"

无数实践也已经向我们证明，销售者只有对自己有信心，才能赢得客户的尊重；只有对自己的公司和产品有信心，才能赢得客户的青睐。每一次成功的销售，都是建立在客户对公司、公司的产品以及对销售者信任的基础上的，三个方面相辅相成，互为一体。面对任何一个客户，如果能三个方面都形成信任的话，那么销售将变得轻而易举。

那么，我们该如何避免在客户面前对自己的产品露"怯"呢？

首先，了解公司最基本的知识。作为销售者，应该对自己的公司有一个全面而细致的了解，比如了解公司最基本的知识。如公司的创业背景；经营理念和销售理念；规模、总体实力及信用；经营政策、方针、目标及战略；在社会上获得的成就，包括荣誉、社会地位；领导的影响力；

销售网络等。

其次，了解所销售的产品。有了丰富的产品知识能迅速解答客户的疑问，提高销售效率，节约客户时间。了解产品的相关信息，包括产品的名称、基本性能、价格，以及与同行业相关产品的优点和不足、产品提供的售后服务等。

5. 当客户对你关上一道门，你要试着打开一扇窗

当销售境况处于进退两难处境的时候，要试着去改变。"穷则变，变则通，通则久。"改变一下思路，试着打开一扇窗，也许就能发现"柳暗花明又一村"。

从事空调销售的小杨，是被业界公认的销售空调高手。市里新开发一个别墅群，这里住的都是实力雄厚的富人，小杨经过多方打听得知，有一个姓张的住户还没有购买空调，就主动上门拜访。当他敲门后，只得到一句"不需要"就被拒之门外了。

小杨并没有就此放弃，而是再次打听了解到张先生是设计专业毕业的，现在在投资一家矿山生意很顺利，如此购置了这套别墅，同时，他还了解到一个重要信息，那就是张先生家的室内都是自己设计的。小杨顿时觉得有了再次进攻的把握，于是，他又一次敲开了张先生家的门。

"我今天不是向您推销的，我听说您房子的室内设计都是您亲自设计的，我也正好买了一套房子现在准备装修，所以想向您请教一下。"小杨这样说。

这次，张先生只好请他进来，小杨一边观看一边赞叹，同时不忘向张先生请教装修问题。没人会讨厌自己亲手完成的工作，张先生听到小杨的夸奖，也激起了他对谈论设计话题的热情，于是开始滔滔不绝地向小杨讲解很多关于装修的知识。小杨很崇拜地说："您说得太专业了，比设计出身的高才生还厉害。"张先生说："我就是设计专业出身的。"小王说："难怪设计得那么精致。我一定要按您的设计给我的房子装修一下，这里放个酒柜，这里放个电视柜……"等到时机成熟时，小杨说："房子里是不是少了一些东西啊，对了，好像还缺一个空调吧！可想而知，大热天回到家，出身汗，哪还有兴致欣赏精美的设计啊！"张先生大笑起来："我就知道你是醉翁之意不在酒啊！不过，今天特别高兴，就安两台空调吧。客厅柜机，卧室挂机。"就这样，两台空调的订单轻松拿下。

很多客户似乎总是对销售者存在反感，无论何时，一见到销售者便会下意识地竖起"防火墙"。这时，销售者不妨学会变通，就像小杨一样，暂缓攻势，然后通过其他角度让客户产生好感，这样一来交易成功的可能性就大了许多。

很多情况下，销售者一旦遭受拒绝，就会停止无谓的努力，认为与其干耗着，不如花时间开发一个新客户，然而，到了新客户那里，又面临着同样被拒绝的局面。其实，很多客户之所以会拒绝是因为他们对产品和行业不太了解，或者还没有做好购买的心理准备，从而本能地选择了拒绝。

很多销售者也试过坚持不懈，但是都没能攻克客户的心理防线，这是因为他们没有真正地触及客户真实的利益需求，所以销售者应该换种方式接触客户。

一个优秀的销售者应该具有一百零一种方法来突破客户树立的防

线，只有这样，才能见到"柳暗花明又一村"的景象。那么，我们该如何"打开一扇窗"见到"柳暗花明又一村"的景象呢？

首先，避免让客户说出第二次拒绝。很多客户之所以第一次见到销售者就拒绝，可能是因为以往的受骗经验给他们的一个本能反应，所以，销售者应该利用敏锐的观察力获得客户的好感。这时，销售者不妨用选择性的问题来引导对方从逆向思维模式转到肯定思维的模式中，将不断说"不"，变为持续说"是"。当客户真正了解了你的产品和公司以后，就会慢慢地静下来进一步倾听你的意见了。

其次，针对不同的拒绝理由，各个击破。客户的每个拒绝都会有一个理由，销售者应该看透客户拒绝的背后因素，从而有针对性地突破客户的防线。如果销售者坚持低调而谦逊的态度，用充分的理由击破客户习惯性的错误，在心理上占据主动地位，客户一定能束手就擒。

再次，给客户一个难以抗拒的条件。当客户拒绝的时候，销售者不妨直言："我会给您开出一个您难以拒绝的条件。"这样的自信言语一定能激起客户本来十分防备的注意力，从而认真地倾听你开出的诱人条件。这时，你可以首先把产品具有诱惑力的条件告诉客户，比如，"假如您能考虑签单，我们公司会向您开出例外的八折优惠等。"

总之，"穷则思变"在销售的过程中也同样适用。在直接销售中面临被拒绝时，不妨避其锋芒，采取迂回战术选择另一个角度进行反攻，这样一来，成功的概率将大很多。

第八章　销售要有一颗强大的内心

——练就一套过硬的心理素质

THE PERFECT SIGNING

OF THE SALES

PSYCHOLOGY

1. 别不好意思，面子是自己给的

"面子"问题是许多销售者经常遇到的难题，许多销售新人在面对陌生客户时，常常会出现心跳加速的现象，或者把本来已准备好的开场白给忘得干干净净。

这就是销售中的恐惧心理，具体来说，就是在推销的过程中，销售者怕被别人注意，以至于稍有差错就产生极度恐惧的情绪，也就是我们常说的"抹不开面子"。

除了新人常常出现"抹不开面子"的现象之外，一些"老人"也会经常受到面子问题的困扰。客户高高在上、蛮横的态度，鄙夷的眼神，不屑一顾的表情，对于销售者似乎都是家常便饭，这种情况下，一些心理素质欠佳的销售者如果摆不正自己的位置，客户的几句话就能将他们打击得无地自容。

慧慧大学刚毕业就进了一家化妆品生产公司，当了一名销售部的业务员。销售部有规定，业务人员每天最少要拜访 20 个客户，慧慧踌躇满志，很想在单位干出一番不俗的业绩。

慧慧第一个拜访的客户是一家日化用品经销公司的经理，他所在的公司是本市经营日化用品最大的公司。这家公司坐落在市中心最繁华的地方，慧慧走进这座装饰豪华的大楼里，一丝胆怯在心中慢慢升起。来到业务部经理的办公室门外，慧慧犹豫了半天，才鼓起勇气敲门进到屋内。

业务部经理上下打量着慧慧，慢悠悠地说："你有什么事？"慧慧按着刚学来的销售知识，开始了自我介绍，谁知刚介绍完自己，业务部经理就不耐烦地说道："推销化妆品是吧？很抱歉，我们有自己的供应商，不需要你们的产品，我这里还有事，你先走吧。"慧慧站在那里不知所措，感觉很没有面子。

这时她才意识到销售工作并不是一件简单的事情，她的自信被现实击碎，落魄和不好意思完全控制了她的身体和思维，她仓皇而逃。这里的慧慧太注重面子，而忽视了自己的目的。她感觉那个经理伤害了她的面子，以至于把自己此行的目的忘得一干二净。

销售者要想彻底克服恐惧心理，就得练就一张"厚脸皮"。每一个从事销售工作的人在刚开始都会有这种恐惧感，经常想："怎么可能改变别人的想法呢？如果别人拒绝我，我该怎么办？"

这是没有信心的表现，怕丢面子是导致这种现象的主要原因。勇气不是天生就有的，它也要靠我们后天的培养，所以销售者应该学着"厚脸皮"，学会自己给自己面子。

英国首相丘吉尔曾说过："一个人绝对不可在遇到危险时，背过身去试图逃避。若是这样做，只会使危险加倍。但是，如果立刻面对它，毫不退缩，危险便会减半。决不要逃避任何事物，决不！"

世界上最伟大的销售者乔·吉拉德经常说这样一句话："通往成功的电梯总是不管用的，想要成功，就只能一步一步地往上爬。"他就没有过多地顾忌自己的面子，没有觉得销售工作有什么不好意思的。他总是利用一切机会推销自己和自己的产品，结果创造了汽车销售的世界纪录，同时获得了"世界上最伟大推销员"的称号。

许多销售新人在第一次面对陌生人时经常不敢迈出第一步，或者在面对客户的拒绝和冷落时总是试图转过身逃避。看看那些老到的销售者，他们常常跟客户谈笑自如、从容淡定，那是因为在长期的销售实践中，他们早已练就了一颗"百毒不侵"的强大内心。

如果想真正成为一个熟练的销售者，就应该按照以下几个方面去做，克服恐惧心理，练就一张"厚脸皮"，顺利闯过"面子关"。

（1）给自己加油。厄尔·南丁格尔曾经说过："无论是什么，只要我们将它植入自己的潜意识中，不断想象并注入情感，都会在某一天成为现实。"

你可以试一试，在见客户之前对自己大声说："我一定可以的，我凭自己的能力，一定能在销售方面取得惊人的成绩，相信自己！"

你在想什么就会得到什么，这可以作为每一位销售者的座右铭。

（2）说话声音要大。大声说话，不仅会消除紧张心理，而且会让客户感觉你很坦然自信，自然而然客户就会愿意和你交谈。很快，你自己的紧张心理也会马上放松，恐惧心理也就被抛到九霄云外了。

（3）善于利用自己的长处。在和客户初次交谈的时候，如果感觉到紧张，就可以把话题慢慢转移到自己擅长的方面，这样既可以消除紧张心理，也可以避免一些经常出现的冷场现象。

（4）心态要摆正。有些销售者认为推销工作是一个低人一等的职业，实际上这是非常错误的想法。推销产品建立了一个共赢的平台，大家都是平等的。我们要这样想：他们不买自己的东西是他们的损失。要培养对职业的自豪感，只有心态摆正了，才会使自己紧张的心情放松下来，才能满怀信心。

（5）利用衣着增强自信。大方、得体的衣着，可以增强自信，每次见客户时都精心设计自己的穿着，给客户一个干练清爽的外表，也可以让客户不敢小觑自己。

任何一个推销员，在推销的过程中，都应该记住：每次推销都是一场心理上的较量；推销没什么不好意思；推销过程中遭到别人的侮辱和不公平的待遇，不必把它放在心上，只当是自己成长过程中避免不了的洗礼和锤炼。只有你把自己的商品推销出去，用成绩来回敬所有对你的不公和不敬，这才是销售者应该有的心胸和壮志。

面子是自己给的，销售更看重的是你的努力和坚持。没有业绩，客户就是给你天大的面子，又能怎样？相信自己，一定能够成为一名职场的悍将，销售界的精英，为自己挣回风风光光的面子。

2. 别揣着"失败"的影子敲门

有位心理学家在某知名大学的心理课上做了这样一个小实验：心理学家在课堂上郑重其事地给同学们出了一道数学题，这道数学题是："1+1="这位心理学家给同学们半个小时的时间来回答这个问题。

半个小时之后，这位心理学家就问同学们，谁想出了答案，然而奇怪的是教室里面却鸦雀无声，竟然没有一个同学知道答案。心理学家微笑着并在黑板上写下了正确的答案，然而这个答案却令在座的所有同学都大跌眼镜，答案就是阿拉伯数字"2"。

心理学家对同学们说："你们没有说出正确答案，并不是代表你们不知道，而是代表了你们没有足够的信心。我相信在场所有同学在看到这个题目的那一刻就立马知道了正确的答案，但是，同学们在思考的那半个小时里，一定是在不断地肯定自己，接着又否定了自己。"

当我们仔细分析失败原因的时候发现，事情的结果并不是来自我们所经历的挫折和失败，而是经历了这些挫折和失败之后所产生的心理暗示，是它们影响了我们的自我认知，让我们对自己的能力、意志力等产生了怀疑。往往这种怀疑会使人们尽量地回避与外界的接触，企图减缓自卑的压力，这种逃避心理会使人们遇到事情消极退缩、不敢积极面对，而这种退缩正好也验证了自己一开始的"预言"——我不行。

人们在准备去做某件事情之前，往往会先设想出许多可能遇到的困难和障碍，并被这种困难和障碍所吓倒，进而感到忧虑和恐惧，觉得失败似乎是必然的事情，于是就想回避和躲开。这种由个人主观心理活动所造成的失败感叫作心理上的"自我挫败"。

有人想要参加考试，在考试之前也做了许多准备，但是在临近考试的时候，听说这种考试如何难、如何不好考，有多少人落选。于是，他便在心里开始怀疑自己是否能行，导致在考试之前便觉得会失败，最后连去尝试一下的信心都没有了，这就是典型的"自我挫败"。

其实，销售如同考试一样，销售者在给客户推荐产品的时候，就不应该有"自我挫败"的心理，如果还没有出征就自己先把自己打败了，那么这次销售也注定不会成功。

顽强的自信，有时能让一个人做到看起来不可能做到的事情。当你坚信顾客一定会买你的商品时，你就不会放弃这个顾客，你就会表现出充分的自信，把你所有的人性魅力和能力呈现给客户，从而使客户受到你的感染，与你产生合作的渴望。

克尔是美国费城《北美日报》的一个广告销售者，一开始，他屡遭客户的拒绝，在失败的阴影笼罩下，他开始变得自卑又胆小。就在他的业务走投无路的时候，他听了一堂成功学大师希尔的一次关于"自信心"的演讲，这次演讲对他震动很大，他决心摆脱现在的困境。

他拟出一份打算去拜访的12位客户的名单，令大家没想到的是，这次他打算去拜访的客户并不是容易成功的客户，而是那些别的业务员做过但都没有成功的客户。他定如此高的目标，就是想给自己一些压力，他要挑战自己的心理阴影。

他在去拜访这12位客户之前，先到公园里把那12位客户的名字大声地念100遍，并大声说："月底之前，你们一定会向我购买广告版。"就这样，他每天都满怀信心、精神抖擞地开始拜访客户，经过他的努力，在月底之前真的和这12位客户签订了购买协议书。

克尔由一开始没有业务，到后来做成了12笔订单，就是由于心理发生了质的变化。一开始，失败的阴影控制了他的行为，使他自卑又胆小，消极又没有目标；后来，他积极地改变这种状态，给自己强大的心理暗示，相信自己能够成功，以自信、阳光的形象出现在客户的面前，给客户带去的不是阴沉沉的失败的阴霾，而是清新明朗、令人心旷神怡的精神感受。

销售者都是从很多次失败中走出来的，要善于从失败中总结经验，不应该把曾经的失败变成心里的阴影。所以，作为一个销售者，应该注重每一个与客户见面的机会，特别是第一次见客户，要以一种积极向上、朝气蓬勃的精神面貌去面对，如果你还没有准备好，就最好不要去见客户。

在工作中，往往会有很多销售者给失败过早地下结论，每当遇到一点挫折，就对自己的工作产生怀疑，以致半途而废。所以，只有禁得起风雨及考验的销售者才会是最后的胜利者。

在销售行业中要尽量避免失败带来的阴影，这样才能赢得最后的胜利。那么我们该怎么做才能抛开失败的影子呢？可以尝试以下几个方法：

（1）积极地对自己进行心理暗示。罗斯福曾说过："我们唯一害怕的是'恐慌心理'"，正是这种恐慌心理使得许多人对成功望而却步。

我们应该积极地提示自己：我不可能什么都行，也不可能什么都不行，在特定的领域或特定的时间或特定的条件下，我就是行，比任何人都行；这一次不行，那下次我肯定可以，我总会有成功的机会；现在不行，并不是因为我的能力不够，而是因为我的努力不够，如果改正，那么我就能行。

（2）要有自信心。自信是一种力量，要时刻让自己有信心，每天工作开始的时候都要鼓励自己——我是最优秀的！我是最棒的！要相信公司提供给客户的是最优秀的产品，相信公司为你提供了能够实现自己价值的机会。

（3）分析失败的原因，并加以改正。对上次失败做出经验总结，分析失败的原因，要搞清楚哪个环节出了问题。只有对失败做出了正确的分析和认识，我们才不会在这个环节再出问题，那么离成功也就更近了一步。

（4）要有坚定的信念和顽强的毅力。不要因为失败了就失去信念，我们应该时刻坚定自己的信念，用顽强的毅力去证实我们是可以成功的。

3. 让"百折不挠"成为你的销售箴言

任何人的成功都不是一帆风顺的，在成功的道路上必然会遇到一时的挫折和失意，也会有落败。当我们碰到不如意的事时，选择放弃也许是最简便的做法，但是放弃却是懦夫的选择。

有人曾经做过调查，在美国的富豪中，有500个以上的人说他们最轰轰烈烈的成功和打击他们的挫折之间相距仅一步。所以要想成功，就不能被放弃的心情左右，你要知道——黄金只在三尺之下，只有锲而不舍，才可达成目标，要有无论如何也要坚持下去的坚定信念。

作为销售者，你唯一要做的就是想尽一切办法与客户接触，尽力说服客户购买自己的产品，绝不轻言放弃。

常言说得好："失败乃成功之母。"在这个世界上，往往最伟大的销售者也是遭受挫折和失败次数最多的销售者，他们往往都具有"百折不挠"的精神。

有人曾把销售的过程比作是一把披荆斩棘的"刀"，那么挫折和失败就是一块必不可少的"磨刀石"。为了能够在销售的道路上走得更远，销售者一定要在"磨刀石"上面勇敢地去打磨，去面对挫折和失败，拥有"百折不挠"的精神，就能把这把披荆斩棘的"刀"越磨越利。

那么，销售者应该如何更好地面对挫折和失败呢？

（1）要确立好目标。在销售的过程中，一定要学会确立小而具体的目标，并努力去实现，在实现的过程中，要不断地进行修正和树立新的目标，即使是在遭遇失败的时候。只有我们向着确定的目标去前进，才能够一次次地战胜失败，最终获得销售上的成功。

（2）及时改变策略。在销售的过程中，挫折和失败是不可避免的。如果只是一味地回避，不想办法解决，只会暂时解脱，无法获得成功。只有敢于面对，努力寻求解决的办法，积极并及时地改变策略，才会扭转不利局面。

（3）学会换位思考。"塞翁失马，焉知非福"。当销售的过程中遇到挫折时，一定要学会换个角度思考问题，这样才会看到希望。

（4）要有持之以恒的心态。我们不能因为遭受一点挫折和失败就放弃，我们要时刻保持一颗持之以恒的心。

不经历风雨怎能见彩虹？一个想在销售上取得骄人成绩的业务员，必须让"百折不挠"成为你的销售箴言，并且切实地履行。没有坚定不移的意志，不可能实现目标，达到成功的彼岸。

4. 不要给自己找借口

我们经常听到有的销售者说这些话：

"要是我运气好一点……"

"要是时机好一点的话……"

"要是机会多一点……"

"要是当初知道的话……"

"要是没有人反对我……"

……

很多销售者在遇到销售困难的时候，都喜欢找各种各样的借口，而实际上，这样的借口其实是给自己设置障碍。

世界上最伟大的营销员——乔·吉拉德，在从事销售的过程中从不给自己找借口，他以自己的勤奋、专注和全身心的投入，赢得了事业的成功。

乔·吉拉德认为给自己没有成功找借口的人，脸上都刻着四个字母：LAZY。因为懒惰，他们总是不愿意为客户服务，做不出成绩就找出这样那样的借口，为自己辩护。

乔·吉拉德还告诉我们，销售没有什么可走的捷径，只有靠自己的勤奋和坚持，才能有前途。要养成什么事情都马上做的习惯，而不是总找出一些借口逃避销售过程中的挑战，千方百计地为自己寻找一些不去开展业务的借口。其实他们找任何可以称为借口的借口，都是因为内心深处的惰性，让他不愿做更多的努力。

很多销售者在业绩不好的情况下就会找各种借口：公司产品不好、客户暂时没有需求、客户不接我电话、客户不听我介绍产品、对产品的功能了解不够、甚至是我们的产品太贵，等等。

实际上这样的借口是一点也经不起推敲的。公司产品不好，那为什么别的销售者可以把业绩做得很好，而你不行？客户暂时没有需求，那为什么不去寻找有需求的客户，难道这样的客户都让你碰上了？客户不接电话，是不是一个星期就打一次电话给客户，那接电话的概率有多高？我们的产品太贵，那为什么不去思考目标客户是否准确？

　　李嘉诚在做房地产之前也做过一名普普通通的销售者，他推销一种塑料洒水器。有一次，他一上午拜访了十几家客户，一个洒水器也没有卖出去，如果继续这样下去，他将无法向老板交代。他感觉压力很大，于是更加卖力地去推销，并不停地提醒自己，我一定会想出办法把洒水器卖出去。

　　他又来到一座办公楼，边走边思考能把产品卖出去的办法。他想：我去过那么多家公司，一个洒水器都没有卖出去，是不是我的方法有问题，是不是应该变换一种新的方法？

　　正在这时，他突然看到楼道上的灰尘很多，灵机一动，心里就有了一个很好的主意。李嘉诚跑到卫生间，把洒水器灌满水，就在楼道里洒起水来。神奇的是，脏兮兮的楼道经他这么一洒，顿时变得干净了许多。

　　没有多长时间，就有很多人对他的这种做法感到很惊奇，没有想到李嘉诚能够用洒水器清洗灰尘。消息在办公楼里面很快就传开了，有几家公司主管也来实验了一把，最后，很多公司都买了他的洒水器。

　　李嘉诚在遇到困难时，不是找借口，而是找方法，思考如何才能把洒水器卖出去。他对失败总结和分析后得出结论："说得再好不如做得好，效果是最能打动人的。"最后灵机一动想出了好主意，成功地把洒水器卖了出去。

　　那么，要在工作中养成不找借口的习惯，要做到：

　　（1）明白失败是成功之母。凡事不怕做错，经历失败才能赢得胜利。

在失败之后不要拿各种借口去逃避，而是要勇敢面对，并要分析失败的原因，在下一步的工作中积极改正。

（2）制订计划，全力以赴去完成。作为销售者要制订好一个计划，然后再全力以赴去完成，只要用心去做了，就算失败也问心无愧。

（3）要有对比性。销售者要经常拿成功者作比较，想一想别人是怎么成功的？自己和别人相比哪些地方做得还不够好？这样为自己找借口的概率就要小得多。

5. 始终以宽容的心态面对客户

现在，人们的生活节奏加快，每个人都有一定的生存压力，销售者有销售者的压力，客户也有客户的压力。每天面对着销售者的轮番拜访，再有素质的客户也有疲惫的时候，所以偶尔碰到一些素质不高的客户，遭受一些白眼和冷落就不稀奇了。

作为一名成功的销售者，应该以宽容的心态面对客户，理解客户的苦衷，不要对客户的无礼态度耿耿于怀。要从自身开始，保持良好的心态，如果你是个待人和善、平易近人的人，那么和你见面的顾客，肯定会对你有好感，这是得到顾客喜爱的基础。用你的宽容感化你的客户，他会感觉到你的真诚，也必能增加成交的机会。

　　服装业巨子施瓦茨创业初期，他的服装总是卖不出去，仓库都快堆满了。一次，他去一个服装店推销他的服装，却被店主讥讽嘲笑了一番，说他这些衣服就是扔在大街上也没人要。

　　施瓦茨没有对店主的嘲笑反唇相讥，而是诚恳地向店主请教。店主也毫不客气地说出了原因，听了店主的话施瓦茨恍然大悟，当时就决定聘请店主当服装设计师，但店主不但不领情，还讽刺了施瓦茨一顿。

施瓦茨并没有生气，他多方打听，最后得知这位小店主竟然是一位著名的服装设计师，只是因为他性情怪僻与人和不来，一气之下才改行做商人的，施瓦茨了解了情况以后，就一心想把小店主聘到自己的工厂当设计师。他接二连三地登门拜访，但每次见到小店主，小店主都是火冒三丈，劈头盖脸地骂他。

施瓦茨不以为然，也从不把小店主的无礼放到心上，仍然诚心诚意地邀请小店主出山，并经常给予他热情的帮助。小店主终于不好意思，答应了施瓦茨的请求，并且提出了苛刻的条件，施瓦茨高兴地答应了他所有的要求。

后来，这位设计师虽然还是经常顶撞施瓦茨，让他下不了台，但是他创造出了巨大效益，帮助施瓦茨建立了一个庞大的服装帝国。

施瓦茨因为宽容地对待别人，也使自己得到了别人的帮助进而使生意有了起色，最后做大做强成了业界的领袖，由此可见，宽容对一个人的重要性。所以，学会宽容客户，是我们每个销售者都必须做到的一件事情；整天怀着怨恨、不满的心理去面对客户，只会让自己的销售之路越走越窄，直至无路可走。

第一次见面，客户总是会怀疑你的真诚，会很不客气地拒绝你，然而，随着你一次又一次的拜访，顾客的态度也会因你的态度而改变，也会被你的热情和真诚所感动。渐渐地顾客会对你表示出他的关心，并想了解你的底细，客户和你之间的感情交流就这样产生和发展，慢慢地他还会对你产生信赖感，你会在他的心中有一席之地，你与客户的关系就这样建立起来了。

所以说，如果你想做出成绩，请始终以宽容的心态来面对你的客户，打开心胸接纳他的一切，这样你也才能被他接纳。

讲一个佛家故事：

深山古刹，一位法师正要开门出去，突然，闯进一位大汉，把法师狠狠地撞倒在地上，眼镜摔碎了还磕破了脸。那位莽汉还理直气壮地说："谁叫你走路不看路哪？"

法师笑了笑没有说话。大汉有点儿吃惊地问："喂！和尚，你怎么不生气呀？"

法师说："为什么要生气呢？生气既不能让我的眼镜还原，又不能让伤口愈合、痛苦解除。再说，生气只会再次伤害自己，若对你动粗，一定会造成更多的业障及恶缘，不但不能化解事端，还会使事情变坏。"

"这么巧我们就撞在了一起，或许我们早有尊缘，这一撞也许就化解了，感谢你帮我消除业障。"

大汉十分感动，他学习到了许多，顿悟地离开了。很久之后，法师接到一封挂号信，信内附有5000元钱，正是那位莽汉寄的。

这个故事中，法师的宽容感化了鲁莽的大汉，不仅化解了一场纠纷，还教化了一颗冥顽的心，结下了一段善缘，成就了寺庙的声誉，光大了寺庙的烟火，真的是一次宽容收获良多。

人都会有烦恼、痛苦和不如意的时候，在这个时候，你就要用自己的宽容和友好来化解他心中的块垒。利刃遇见棉花只能被棉花包裹，起不了一点作用，而遇见西瓜就会把西瓜切碎，使其成为别人的美餐。

每个客户都有七情六欲，我们要设身处地站在客户的立场考虑问题，体谅客户的心情。有时，把自己当作客户的出气筒让他出出气，然后再与他沟通，帮助他解决面临的问题，也许我们就会成为客户的知心朋友。

让宽容成为你的品质和自觉的习惯，每一次上门推销都不要期待客户的友好，只有你的努力才能改变客户的态度。不要苛求客户的理解和宽容，你要用你的宽容、你的爱，温暖客户冰冷的心，让他的心因你的宽容慢慢出现温情。

弘一大师在《格言别录》里道："人之谤我也，与其能辩，不如能容。人之侮我也，与其能防，不如能化。""责人之心责己，则宽；利己之心利人，则容。"宽容是人与人交流不可或缺的桥梁，是一种无声胜有声的教化，唯有宽容的人，他的销售之路才能更广阔。要取得别人的信任，首先要以宽容的心态对别人，海纳百川，有容乃大，只有把自己融化到销售中，才能体验销售带给你的快乐；而只有宽容地对待每一个客户，也才能体验到它带给你的享用不尽的资源。

6. 让自己拥有临危不惧的应变能力

商场如战场，形势瞬息万变，你稍一大意，可能几千万的生意就与你擦肩而过，决断的时候略一迟疑，可能一生的努力就会付诸东流。所以，一个销售者就应该像一位身处敌阵的将军，不但精通文韬武略，还要具备临危不惧的应变能力，这样才能在滚滚的商潮中屹立不倒，绝处逢生。

临危不惧的应变能力，并不一定是在危难时才起作用，平时与客户谈判时就蕴含着许多需要你随机应变的机会。通晓商场心理学，拥有临危不惧的应变能力，也是你在销售的过程中必须掌握的能力。下面就说一个关于随机应变的故事：

作家、销售大师罗伯特·舒克和艾瑞·戴西是好朋友。一天艾瑞兴冲冲地跑来找罗伯特·舒克，想要罗伯特·舒克作他和贝勒塑胶公司的老板费尔·贝勒的引荐者，答应给罗伯特·舒克5万美金的酬劳，罗伯特·舒克高兴地答应了。

他们和贝勒塑胶公司的老板费尔·贝勒见面以后，罗伯特·舒克向费尔·贝勒介绍道："艾瑞是雇员利润系统公司的总裁，他们专门为企业员工提供附加福利。"随后，艾瑞·戴西又经过十几分钟专业的解说，贝勒当场表态："这真是一件好事呀！罗伯特，我谢谢你把艾瑞介绍给我，让我有一个为我的员工买保险的机会。"接着，他又对艾瑞说，"我三天后给你消息可以吗？"艾瑞同意了。

三人握手道别，贝勒送他们出来。这时罗伯特·舒克像是忽然想起了什么似的说："等一下，我还有个问题要问。"费尔和艾瑞疑惑地看着罗伯特·舒克，罗伯特·舒克又说道，"我有一个不解的问题。"

还会有什么问题，人家都答应了三天后给消息，看费尔的态度肯定是同意这件好事。费尔和艾瑞都一脸的不解。

舒克问费尔："您真的认为艾瑞推荐的产品好吗？"

"是呀，很好呀。"费尔肯定地说。

舒克又转向艾瑞说："你是否非常希望贝勒塑胶公司成为你的客户。"

"是的，我非常希望贝勒塑胶公司成为我的客户。"

"既然是这样，艾瑞就没有必要再来一次了。"舒克又接着说，"艾瑞，是否可以不为别的理由，只看在我的面子上，现在就与费尔把合约签了呢？"

艾瑞明白了舒克意思，马上取出合约放在桌上，"请您在这里签名，费尔先生。"费尔只好在合约上签下了他的大名。

有过推销经验的人都知道，不管客户说的是不是真心话，是不是真的想买产品，只要他说"过一会儿你再来吧，我现在很忙"，或者"让我考虑考虑，三天以后答复你"，那基本上就是没戏了。所以，只要有机会可以成交，就要抓住机会速战速决，及时地抓住稍纵即逝的宝贵机会。

在这个故事中，费尔不想为员工买保险，但碍于罗伯特·舒克的面子，不好意思当面回绝让朋友下不了台，他就采用了商家惯用的迂回战术。

罗伯特·舒克不愧为销售大师，他从一个细小的变化里，看透了费尔的心机，并很快做出了应变的反应。他敏捷的思维在很短的时间里做出了判断，并且很快厘清了思路，引导客户做出了判断，得到了自己需要的答案，最后利用朋友的身份逼费尔就范，使即将无功而返的一次拜访起死回生。

《鹿鼎记》大家可能都看过，里面有一个韦小宝，他机智、灵活、应变能力极强、临危不惧、不因循守旧、不墨守成规、具有很强的创新精神，不管遇到什么困难和危险，都能冷静分析、洞察一切、随机应变。不但帮助康熙智擒鳌拜，收复亚克萨城，还帮助天地会、沐王府的朋友们一次次化险为夷。

在《鹿鼎记》中，有一次，瞎眼的海公公叫"小桂子"，可是，小桂子已经被韦小宝杀了，情急之下他灵机一动，答应："我就是小桂子。"骗过了阴沉老辣、让人看不透摸不清、武功极高、出手狠毒的海公公。

韦小宝因为他的功劳，最后被康熙封为鹿鼎公，镇远大将军，成功地实现了自己的人生价值。韦小宝之所以成为了一个大人物，也是因为他有临危不惧、随机应变的能力。

适应社会的人，社会才会给予他相应的地位。商场如战场，我们的销售者整天在社会上打拼，同样也要具有临危不惧、随机应变的能力，这样才能处于不败之地，让客户看到你的实力和素质，对你另眼相看。

要想具有临危不惧的应变能力，就要努力学习，向各个行业的精英学习，向古人先贤学习，要对自己所从事的行业无比热爱和精通，处处用心，处处留意。量变才能质变，没有处心积虑的执着，没有废寝忘食的奋斗，没有"衣带渐宽终不悔，为伊消得人憔悴"的追求，想达到游刃有余、顺心而为的境界和档次简直是不可能的。

我们平时的销售可能没有那么多的惊涛骇浪，一般都是平平凡凡、按部就班地进行，但关键时候就要看谁有临危不惧的应变能力，平凡之中的伟大就是这样诞生的。即便是你不想成为行业中的佼佼者，增强一种能力、掌握一种技能，在以后的工作中，也能给你带来无尽的好处。

7. "胜不骄，败不馁"

销售活动中总是会有成功和失败，成功的时候很多人会骄傲自诩、盲目自大，却忘了自己还要借成功的契机更上一层楼；失败的时候也很少有人正视自己的失误、总结失败的教训，更多的却是妄自菲薄、灰心丧气，失去进取的信心。

在成功的时候，收起自己的锋芒，去思考还有哪些地方可以做得更好；在失败的时候，也不要抱怨和退却，要相信上天不会亏待一个努力的人。这些是一个销售者应有的素质和情怀，所谓"胜不骄，败不馁"，一个成功的销售者需要用正确的心态面对胜利和失败。

原一平，一个伟大的销售者，面对失败和成功，他有他自己的努力和坚持。我们来看一下，他是如何面对成功和失败的吧，或许会给我们一些有益的启示。

1930年，原一平到明治保险公司应聘销售者，面试官员毫不客气地说他不是干推销的料。然而，他没有因为主考官的话而灰心，为了向人们证明他是当推销员的料，他把这一次应聘的耻辱当作一条鞭子，不断地鞭策自己。他不停地奔波，玩命地工作，在他的心里他已不再只是单纯的推销员，他也在推销他自己，他要向全世界的人证明："我是干推销的料。"

他每天早起晚归，用微笑和热情感染着他遇见的所有人，用顽强的意志和不屈服的品格，征服了一个又一个客户。1936年，原一平的推销业绩已经名列公司第一，但他并没有被暂时的胜利冲昏头脑，他并不满足于现在的成绩，他仍然发疯地工作。

他制订了一个大胆的计划，要把业务打进庞大的三菱公司。在遭人嘲笑、被人拒绝的时候，原一平不惜以下犯上，顶撞、痛斥高高在上的三菱集团的董事长。最后三菱所有企业的全部退休金被投到了明治公司作为保险金。

原一平成功了，他创下了全日本一个又一个第一，连续保持16年全国推销冠军。1962年，日本政府特别授予他"四等旭日小绶勋章"，成了明治保险的终身理事，业内的最高顾问。

取得了这么多的成绩和荣誉，他并没有觉得有骄傲的资本了。他仍然继续不停地工作，仍然定期举行"原一平批评会"，检讨自己，提高自己。

原一平在落魄和遭人唾弃的时候，奋发图强，坚持不懈，把耻辱铭刻在心，当成是自己前进途中的助推剂，终于取得了令世人震惊的业绩。成功的原一平，也没有因为胜利而忘记了自己的本分，他还是一如既往地坚持自己的信念，恪守自己作为一个销售者的本分，努力工作完善自己的人生，最后登峰造极，成为世人的典范。

"胜不骄"，说起来容易，但真正做起来并不一定那么容易。一般人都是有虚荣心的，一旦做出一些成绩，就会志得意满，免不了夸夸其谈，表现出一副为人师表的样子。再与客户见面的时候，就会缺少了应该有的谦恭和谨慎，做起事来也不会和以前一样处理得那么完美和得体，不知不觉地就伤害了客户的感情。老客户被你伤害了，新客户你又不屑去开发，那么你的业务就会止步不前，甚至大踏步地后退，你的销售者的身份也就有可能就此不光彩地结束。

要做到"败不馁"，更不容易。原一平在被人说成"不是干推销的料"，还要坚持干下去以证明自己是"干推销的料"，并且做出了惊人的成绩；在一次又一次地被人拒绝的时候，还要开动脑筋、想方设法地去努力争取，最后变不可能为可能。原一平如果没有坚定的意志和矢志不渝的精神是做不到这一点的。

我们有的销售者之所以不能做出成绩，就是经受不住打击，在失败后灰心丧气、止步不前，只是在那里埋怨自己命运不好，找出一大堆失败的理由。如自己怎么遇见这么如此难缠的客户；也许是自己的产品太差、价位太高，所以不可能有人要；让我来做这样不可能做成的业务，简直就是浪费人才，可笑至极……从根本上就开始动摇了，便没有了做好业务的可能。

作为一名销售者，一开始我们就不能对自己的职业产生怀疑，更不能对自己的产品不信任。要对自己所奉职的公司无限忠诚，对自己的职业无限热爱，相信自己一旦选择了这项艰苦的事业，自己就有能力、有决心把它做好，做到最出色。

要知道，再好的产品也有卖不出去的时候，再不好的产品只要用心也能卖出去，业务员就是要有把冰箱卖到南极去的野心和雄心。您就是干这行的，卖出去产品是你义不容辞的责任和最光荣的使命。

第九章　细节决定销售的成败

——善于抓住销售中的细枝末节

THE PERFECT SIGNING

OF THE SALES

PSYCHOLOGY

1. 在客户面前要让你的牙齿时时"晒太阳"

有这样一则笑话：

一天，三个医生偶尔碰到一起侃自己的医术如何精湛。

第一个医生说："我给病人接了条腿，现在他已经是全市著名的长跑运动员了。"

第二个医生说："我给一个病人接了条胳膊，现在他已经是全国著名的拳击冠军了。"

第三个医生说："你们的医术都是小意思。不久前，我给一个傻瓜装上笑容，她现在已经是世界上最伟大的推销员了！"

虽然这只是一个笑话，却也道出了微笑对于推销员的重要性。正如美国一家百货商店的人事经理所说："我宁愿聘请一个初中没毕业却笑容满面的小女孩，也不愿接受一个一脸阴郁的博士。"所以销售者在客户面前一定要让你的牙齿时时"晒太阳"。

对其他人来说，微笑只是一种表情，但对于销售者来说，却是一种与客户感情上的沟通表达，从心理学角度看，微笑是向对方的心理注射一种催情剂，让对方从心底接受你。当我们微笑时，我们的表情就在告诉对方：我很想和你交往，你是值得交往的人；当你向顾客微笑时，要表达的意思是："见到您我很高兴，愿意为您服务。"这种良好的心境会给客户一个很好的第一印象。

身高不足一米五的原一平是日本历史上最为出色的保险推销员，被誉为"推销之神"。他连续16年荣登推销业绩全国第一宝座，创下世界推销最高纪录，而且这个纪录20年未被打破。

那么他是凭着什么功力达到如此成就呢？他的法宝就是他的微笑，亦被评为"价值百万美元的微笑。"

刚进入销售行业的时候，因为贫穷，他上班不坐电车、中午不吃饭、晚上睡在公园的长凳上，但是他仍然不忘脸上带着微笑。每天5点，他从公园的板凳上起来步行去上班，一路上他不断地微笑着和擦肩而过的人打招呼。

一天，一个绅士看到原一平这么勤奋辛苦，就邀请他一起吃早餐，但是原一平无论如何也不同意。无奈之下，那位绅士对他说："既然你不赏脸，那么我买你的保险好了。"就这样他卖出了它销售生涯中的第一份保险，后来，这位绅士又给他介绍了很多客户。

对此，他融合几十年的销售经验，把微笑的好处总结如下：

◆微笑能传递我们的友善和热情

◆微笑能有效卸载客户的防备心理

◆微笑能让我们的仪表更吸引人

◆微笑能消除彼此间的不安，打开僵局

◆微笑能有效消除我们的自卑感

◆微笑能感染对方，从而塑造轻松和谐的交流氛围

◆微笑能拉近彼此间的距离，建立信赖感

◆微笑能增进活力，有益健康

可见，拥有微笑有百利而无一害。面对客户真心微笑是一种愉快的心理反映，也是一个人的内涵在面部的反映，简单而朴实的微笑是与客

户沟通的最好"敲门砖"，是迅速达成协议的"催化剂"。因此，微笑对于销售者来讲，是一种廉价且珍贵的心理工具。

俗话说："笑口且常开，财源滚滚来。""抬头微微笑，低头数钞票。"销售者的微笑是一种让客户主动掏腰包的心理战术，正如销售界常说的："要把销售做得好，天天微笑少不了。"因此，别吝啬我们真诚的微笑，如此这般，既能温暖彼此，又能顺利拿下订单。

在销售过程中，销售者给客户的第一印象除了仪表外，微笑绝对是一种必不可少的"装备"。也许销售没有成功，但是微笑让对方记住了你，对方就有可能给你介绍潜在客户，因此微笑也是一种创造潜在客户的利器。

微笑是销售顺利进行的标志，是一种销售技能，销售者在平时可以通过训练有意识地使自己的笑容更完美。那么我们该如何练习微笑呢？

（1）经常活动面部肌肉，让嘴角微微上扬，嘴唇略呈弧形，然后在不牵动鼻子、不发出笑声、不露出牙齿，当然最好不露牙龈，就这样微微一笑。

（2）平时无聊时自闭双眼，调动感情，想一下自己曾经的美好或是美好的未来，联想一下美好的事物，让微笑由心而发。

（3）时常对着镜子练习，在镜子里做出微笑的动作。

（4）口含筷子，练习嘴巴上扬。

（5）经常在朋友或众人面前微笑，只有平时微笑，面部肌肉才不会僵硬。

在微笑时销售者应该注意四要三不要：

◆微笑时要自然调动五官，让眼睛略眯、眉毛上扬、鼻翼张开、脸肌收拢、嘴角上翘，总之，微笑要自然。

◆微笑时要精神抖擞、神采奕奕，使笑容富有活力。

◆微笑时要适当发出笑声，这样更能感染客户，同时声情并茂也是热情、真诚的表现。

◆微笑时要举止仪表相一致，从外表上形成完美统一的效果。

◆不要强颜欢笑，这样的微笑不仅会让对方觉得缺乏诚意，还会使双方陷入尴尬的境地。

◆不要刚露出微笑就立刻收起，这样会给人一种虚伪的表现。

◆不要苦笑、怪笑、狞笑、媚笑。

2. 主动收集客户信息

很多时候，与客户交谈时找不到共同话题是因为对客户不够了解，而收集客户信息资料是销售者了解客户实际情况的重要手段，这样可以帮助销售者接近客户，从而进一步交流，让销售在自然而然中成交。

让我们一起来看看被誉为日本"销售之神"的原一平是怎么做的吧。

一天，原一平乘坐出租车出去会见一个客户，出租车在路口遇到红灯停了下来，这时，后面的一辆车子也随之停了下来，从后视镜可以看到那辆豪华轿车里坐着一位头发花白但精神矍铄的富豪。

就在这时，原一平立刻下意识地记下了那辆车的号码。办完事后，原一平立刻向交通监察局查询了那辆车的主人，得知那辆车是一家出口公司总裁的。

于是，原一平就此着手进行了更为详细的调查。通过各种渠道，了解到那位总裁是自己的同乡，为人平和，爱好棒球，然后又了解了那位总裁的很多情况，包括他的学历、家庭成员、公司的规模、营业项目、经营状况，以及他住宅附近的情况等。总之，只要是和那位总裁有关的情况，原一平都细心地做了调查。

有了详细的信息，原一平便开始有计划地接近那位总裁。根据之前的调查，原一平选定合适的一天，在总裁下班时在他公司门口等候。

下班时间一到，员工们陆陆续续地走出了大门，每个人都精神抖擞并愉快地道别，充满朝气，原一平把看到的一切立刻记在了资料本上。

很快，那辆黑色轿车就停在了公司大门外，原一平立刻就认出了这是那位总裁的座驾。五分钟后那位总裁走了出来，虽然只有一面之缘，但是通过那么多的了解，原一平还是一眼就认出他来了。

原一平的冒昧拜访竟然没有让那位总裁感到尴尬，他听了原一平对自己的了解后反而感到十分亲切。两人的谈话也十分投机，当谈话进入高峰的时候，原一平表明了来意，那位总裁愉快地在保单上签了字。

可见，主动收集客户的信息对拉近与客户的距离有多么重要，它也是销售工作中必不可少的一部分，正所谓"磨刀不误砍柴工"。情报信息对未来的销售工作会有越来越重要的价值，它是成功销售的一笔财富。

对客户的资料收集越详细，与客户的交流越能占据主动地位，那么销售者该搜集客户的哪些信息呢？

（1）个体客户信息。个体客户信息主要包括以下内容：

①姓名。姓名是人们比较看重的，一旦在此出现错误，一切进一步接触的机会都将失去。

②籍贯。如果适当地运用老乡情结，可以把与客户之间的距离瞬间拉近。

③学历和经历。学历可以满足客户的虚荣心，经历能够找到共同话题。

④家庭背景。家庭是客户的软肋，谈话一旦涉及客户的家庭，客户的防备心理会瞬间降低，这样对症下药、投其所好，是很多销售者取得成功的"撒手锏"。

⑤性格癖好。提及客户的爱好，可以扩大共识，同时加以赞美，交流效果将十分卓著。

2. 团体客户信息。团体客户信息主要包括以下内容:

①经营状况。主要了解公司的整体信用情况，如果与一个不讲信用的单位打交道，其结果只是被这笔生意套牢，然后去还债了。不论对方是否有资金实力，只要对方有信用，都可以与其交易。

②采购惯例。了解客户在采购决策时要涉及的人员，包括采购发起者、影响者、购买者、使用者、决策者等，只要对上述环节一一攻破，成交就只是时间问题了。

③团体客户的相关信息，包括客户的公司名称、性质、规模、内部人事关系等方面的信息。

总之，只要是关于客户的信息，了解得越多，交易越占上风。信息的收集不是目的，目的是怎么利用这些客户信息。那么我们该注意些什么呢?

（1）有意识地积极收集信息。要培养收集信息的意识，对客户的信息建立敏感性，不然，很多信息会被忽略。

（2）拥有竞争对手产品的信息。对竞争对手了解才能知道自己产品的优点和不足，从而在客户说"这个产品不如某某产品"时进行有效反驳，从而建立优势。

（3）注意倾听客户对产品的谈话。从客户口中得知客户对产品的了解，不要打断对方的谈话，这不仅是一种尊重，更是一种反击的手段。

（4）让客户适应一问一答的节奏。一旦客户进入了谈话的节奏，一切信息都会在掌握之中。

（5）投石问路。试探性地让客户提出另一个客户的信息，然后让客户主动展开，这样不但能够激起客户的谈话兴趣，还能拉近与客户之间的距离。

（6）明知故问。对客户的信息装作不知道，故意采用反问的句式，不但能激起客户的激情，还能拥有谈话的主动权，从而促成交易。

（7）投桃报李。向别人提供一些信息，然后引出更多的信息。

3. 选择客户感兴趣的话题

有时，销售者滔滔不绝地向客户介绍产品的相关信息，也未必能打动对方。但是，如果能够从客户感兴趣的话题着手，然后不失时机地介绍自己的产品，或许会收到不同的效果。

在实际销售中，销售者所说的话不一定让每个人满意，但选择别人感兴趣的话题，无疑是拉近彼此距离的捷径。

感兴趣的话题可以是彼此的共同话题，这样能够与客户产生共鸣，你可以先从客户的工作、家庭或最近发生的重大新闻谈起，以引起客户谈话的兴趣。

杜佛诺先生是美国一家面包公司的销售经理，他打算向一个大宾馆供售面包。但是，在近 4 年的时间里，为了谈成这份生意，他每个周末都会拜访那个宾馆的经理，甚至在那家宾馆里开房入住，但是仍然不能如愿。

后来，他了解到，那位经理是美国旅馆招待协会会员，并且希望成为该会的会长。于是，杜佛诺先生就此开始和那位经理谈论关于招待协会的事，几次谈话后，杜佛诺觉得时机成熟，就向宾馆经理谈论自己的来意，宾馆的负责人便很爽快地和杜佛诺洽谈了关于面包合作的事。

成功之后，杜佛诺颇有感慨地说："我对他紧追不舍了 4 年，到最后竟然是通过和他谈他感兴趣的东西才获得成功的。"

可见，在销售中，要想与客户建立生意关系，首先要了解你的客户对什么感兴趣。很多销售者往往直奔主题，快则快也，效果却未必理想。所以，与客户正面交谈，不如先找到客户的"契合点"，而这个"契合点"便是客户感兴趣的话题，它是通往客户心底的路。

有位报社编辑，为了找一个大作家约稿，他亲自前往拜访以求达成此事。但是，这位编辑却遭遇了冷板凳。

后来，编辑聊起作家最近接受一家杂志专访的话题，这位作家听后立刻起了兴致，凝固的空气瞬间轻松了许多。当这位编辑再提起约稿事宜的时候，作家就爽快地答应了。

无独有偶：一天，一个小伙子想要向一家药房推销自己的饮水机。一进屋他就向店主介绍饮水机的材质等相关信息和价格问题，但是这些问题丝毫没有引起店主的兴趣。即将离开的他灵机一动，看到药房的角落有一台旧饮水机，而且上面还摆放着乱七八糟的日用品，很明显这台饮水机被闲置了起来。

小伙子说："假如是我，我会把饮水机放在店门口。这样一来，顾客可以很方便地取水，而且顺便还会上门看一看。"

老板说："你也看到了，我不需要新的饮水机。"

"我并不是要你买新的饮水机，我只是建议一下旧饮水机的摆放位置，你可以试一试。"这名业务员解释后便留下一张名片离开了。药房老板听从了这位销售者的建议，效果还不错。没多久，他便向这位销售者买了一台新的饮水机。

可见，谈论客户自己的事情才会引起关注，而一旦找到了话题，销售便迎刃而解。

乔•吉拉德认为，销售者应该像一台可录音的机器，能在和客户的交往中，把客户所说的有用情况都记录下来，然后利用这些材料接近你的客户，它会使你迅速地和客户产生共鸣和默契，你会知道他们喜欢什么，不喜欢什么，然后适时地和他们谈论一些他们感兴趣的话题，你让你的客户高兴了，他们就会给你带来效益。

总之，成功的销售离不开与客户的交谈，那么一旦交流必然要建立和谐的交谈氛围，否则销售将无从谈起。那么我们该怎么找到突破口呢？

（1）巧妙地提问。很多销售者一开始便滔滔不绝地介绍产品，而客户的说话机会却很少，如此一来，交谈很快会陷入尴尬局面。而巧妙地提问，能够引出客户想说的话，从而达到相谈甚欢的氛围。

当然，问问题之前要做好充足的准备，只有了解了客户的背景资料才能问出有水平的问题，从而引出客户想说的话。相反，平庸而不得体的问题不但不能达到目的，更会出现尴尬局面。

（2）利用展示品。有了展示品，我们可以把我们要说的话表达得更具体，同时也能让客户受到吸引。

美国卡内基在向学员介绍训练时，首先问几个问题，然后介绍者会拿出一个洗手池的水塞说："卡内基训练，就像是这个水塞，可以让机会不要从你手中流失。"学员听后便会意地认真倾听介绍者的销售谈话了。

（3）有个性的开场白。有位拒绝推销的大亨，被称为"推销员杀手"，因此，很多推销员都吃了闭门羹。有个卖保险的人知道这位大亨喜欢打赌，就决定试一试，于是，他来到大亨的办公室，宣称要和大亨打个赌。

大亨二话不说，立刻接见他。销售者说："我要跟您赌 100 万元新台币赔 1800 元新台币，赌您一年之内不会死掉。"这个说法立刻引起了大亨的兴趣，很快一个订单就成功了。

可见，令人惊奇或是悬疑的开场白，能引起客户的兴致，只要用得恰当，就能创造共同话题。

（4）真诚的赞美。有句很著名的话："没有任何语言的养分比赞美更有效。"真诚的赞美能打动人心，能激发对方的交谈兴致，但是要记得真诚，唯有真诚才能换取真诚，所以，赞美要真诚，否则不如不赞美。

（5）最近发生的新闻。卡内基先生曾经说过："尽量多方收集新闻。这些新闻本身不一定要具有什么重要性。假如你听到有人称赞他，不妨让他知道；或是你在报上看到他的消息，也可以马上告诉他。"因为，信息往往是交谈的桥梁，也是交谈的过度。

4. 学会珍惜客户的时间

很多情况下，销售者之所以被客户拒之门外或是在成交的关键时候被拒绝，有一部分原因是因为销售者没有在对的时间推销或是超过了客户承受的时间成本。

如果说最好的客户是有能力购买销售者产品的人，那么这些有购买力的人都是懂得利用时间的。有权威机构做过这样的统计，比尔·盖茨一秒钟挣 250 美元，如果销售者不懂得珍惜客户的时间，浪费了比尔·盖茨一个小时时间的话，那么比尔·盖茨将损失 90 万美元。以此来说，你让客户损失了，那么客户怎么会让你顺利拿单呢？所以，重视客户的时间，也就为顺利拿单多添了一份保证。

很多销售者为了打动客户往往滔滔不绝，生怕自己的言语没有完全把产品说好说清楚。他们总以为给客户讲得越多，客户越容易接受，其实，客户更喜欢那些长话短说、给自己更多时间的销售者。如果销售者的话在客户看来都是废话，那么销售者说得越多越会引起客户的反感，所以，销售者在推销的活动中要时刻懂得客户的时间是宝贵的。乔·吉拉德曾有个习惯，在拜访客户之前，他会先定好时间，如果定好 10 分钟，时间到了的话，即使话没有说完也会停止。

要知道，很多客户都是"日理万机"的，他们每天开会、接听电话、会见访客，忙得不可开交，所以他们留给自己的空闲时间特别少。因此，作为销售者要抓住重点、取其要害，不能絮絮叨叨说个没完，尽量压缩销售时间，这也是对客户的尊重。

乔·吉拉德有过这样一个经历：他刚从事销售行业的时候，一次去一家公司拜访，由于事前没有和对方约定时间，他在下午一点赶了过去，结果，当他进入公司以后才发现公司很多人正在吃午饭，还有人正在休息，大都是一副懒洋洋的样子，所以也没有人招呼他，因此有些尴尬。此时，公司老总正在办公室打盹，当见乔·吉拉德敲门进去的时候，老总只是挥挥手，让他在外边等一下，为此，乔·吉拉德只好在外边闲等。

半个小时过去了，那个老总终于醒了，可是仍然一脸困意，恍恍惚惚地问他是干什么的。乔·吉拉德立刻向老总表明来意，可是产品还没有介绍就被打发出去了。

通过这次失败的经历，乔·吉拉德发现了拜访客户的时间大有可以研究之处，也为他以后的拜访提供了很具价值的参考。

俗话说：时间就是金钱，对客户也同样适用，所以要重视客户的时间。那么我们该注意些什么呢？

（1）如果得到拜访客户的机会，最好能够预约，让客户来决定具体什么时间见面。这样一来，既可以避免找不到拜访对象，又可以做好充分的准备，不会显得突兀，还可以提高彼此的工作效率。

（2）如果客户一时没有想好约定时间，那就需要销售者选择一个比较合适的时间来拜访。

（3）如果没有特殊情况，客户刚上班时不宜拜访，因为这个时候客户需要布置一天的工作，而此时也可能是公司开例会的时间。如果此时贸然拜访，只会给客户带来不便，也不会带来很好的销售效果。

（4）如果不是要请客户吃饭，中午11点以后，不宜拜访。

（5）即将下班的时候也不是最佳选择，因为客户准备回家的时候，对方根本没有兴趣听你推销产品。

（6）正常情况下，上午10点到11点、下午2点到4点，这段时间比较合适。

（7）一旦与对方约定了时间，一定不要迟到，更不要失约。毕竟尊重别人的时间，就是对别人的尊重，所以一定不可失约或迟到，这些小小的行为都会影响到客户的工作。当然，面对一些非意志所能转移的因素时，销售者要提前向客户致歉以取得对方谅解，同时也可以向客户争取下一次拜访的机会。

（8）销售者不妨采用"先下手为强"的策略，当见到客户后，不妨焦急地看看手表，然后对客户说："××先生（女士），您好！很乐意向您介绍我们公司的产品，但是我连五分钟时间都抽不出来，因为还要赶下一个约会。我今天来的主要目的是和您会个面，我会专门找一个小时向您介绍我们公司的产品。"

这样的策略，可以给客户一种紧迫感，从而扭转局势变被动为主动。因为，客户都会对销售者心存戒心，这样一来，不但影射你的业务繁忙，还可以提升你的形象，所以，这种策略远比滔滔不绝的效果好。

5. 有时你只需准备好自己的"耳朵"

一次偶然的机会，美国知名主持人林克莱特在飞机上遇见一位想当飞行员的小朋友，林克莱特问："如果有一天，你的飞机在空中熄火了，你将怎么办？"那个小朋友沉思了一下说："我会告诉乘客系好安全带，然后我跳伞出去。"

观众哈哈大笑，足足过了五分钟，没想到，这个孩子竟然热泪盈眶："我要去拿燃料，我还要回来！"

看完这个故事后，你是否也该像那些哈哈大笑的观众一样，反省一下自己是否也经常没有听完别人的话就急着发表评论呢？如果我们是销售者，我们是不是经常会下意识地打断客户的话？

虽说倾听是件小事，但是却能反映出一个人的修养，而且在客户看来也是对自己的一种尊重。心理学研究表明，越是善于倾听的人，与他人关系就越融洽。毕竟倾听是一种褒奖对方的形式，倘若你能耐心地倾听，就等于向对方表示尊重，那么对方怎能好意思不对你的推销表示积极的回应呢？

本杰明·富兰克林凭借聪明，十分自负，总是喜欢指责对方的缺点，因此身边的人没人愿意和他相处。幸运的是，教会的朋友向他指出了这个缺点，几十年过去了，他在自传中这样写道："总而言之，在会谈时，听会比说的收获多。我一直把沉默当作一种美德来培养。"

乔·吉拉德也曾经说过："世界上有两种力量非常伟大，其一是倾听，其二是微笑。你倾听对方越久，对方就越愿意接近你。据我观察，有些销售者喋喋不休，他们的业绩也总是平平。上帝为什么给了我们两只耳朵一张嘴呢？我想，就是要让我们多听少说吧！"所以有时候成功推销很简单，你只需要准备好你的耳朵。

乔·吉拉德之所以感触那么深还因为下面这个经历：有一天，乔·吉拉德向一个客户推销汽车，经过半个小时的沟通，他满怀把握地确定对方一定会买，但是到最后这位客户却买了别家的汽车。

乔·吉拉德知道后，立刻登门拜访试图了解情况。客户对乔·吉拉德说："就在我即将签单的时候，我谈到了我儿子的情况，很明显我是很骄傲的，但是你却心神都在外面，所以我一生气就买了别家的汽车。"这时的乔·吉拉德才恍惚明白，原来是自己没有认真倾听，才造成了这样的结果。

人们总是挖空心思地推介自己的商品，却以为倾听客户的问题、想法和看法是多余的，其实倾听能表达我们对客户的尊重，从而获得更多的成交机会。乔·吉拉德的经历足以告诫我们，有时候我们只需要准备好自己的耳朵就行了。

日本销售大师原一平说："对销售而言，善听比善辩更重要。"那么我们该如何做呢？

首先，要站在对方的立场思考问题。只有这样才能真切地体会到客户的需要，从而换位思考"假如我是客户，我滔滔不绝被别人熟视无睹，会是什么感受？"

其次，不但要听还要把客户的需求记下来，给人一种被尊重的感觉。只有了解了客户的需求，才能满足他们；只有满足了他们，才会得到客户的认可。

一位有名的德州牧师曾经说过："业务员必须学会倾听，牧师也同样如此。我们的工作就是要倾听人们的心声。"这位牧师还讲了一个故事：不久前，一个女生激动地向我倾诉她的不幸，她滔滔不绝，几乎不给我插话的机会。然而，当她说完后，竟然说："谢谢你，你对我的帮助太大了。"

可见，倾听是一种美德，一种无声的力量，能起到四两拨千斤的效果。与其滔滔不绝地和客户辩论产品的相关情况，不如耐心地倾听客户的心声，从而找到客户的需求，进而找到突破口。著名作家陶勒斯·狄克曾经说过："成功的快捷方式是把耳朵借给别人，而非把嘴巴借给别人。他人不感兴趣的事说了也等于没说，这时你需要说的只有：可以再跟我多说点吗？"

那么我们该如何才能成为一个完美的倾听者呢？

（1）倾听时态度要端正。如果只是敷衍了事地倾听，倒不如不听，因为这样会给人一种虚伪的感觉，直接影响你的人品，所以，倾听的前提是端正的态度。

（2）在倾听的同时，不忘适度地复述对方的话。重复是一种确定的示意，也是一种肯定的表示，更表示我们在倾听的时候没有分神。

（3）倾听时在适当的时间提问。提问是一种对客户所谈论的话题感兴趣的表示，也是一种委婉的赞美。

（4）倾听时注视着对方的眼睛，拒绝小动作。这是一种认真倾听的外在表现。

6. 发掘客户的"隐性需求"

一天，从事家具推销的林红在向一位客户推销产品：

林红："谢谢您给我十分钟时间！"

客户："不客气。"

林红："我们公司最近推出一个最新系列。为了满足客户的喜好，这一系列的家具主攻亮色，像深红、紫色、黄色、亮粉、红色等都应有尽有。同时，我们还承接各种家具的定做，只要您需要，我们都会一一满足。"

客户："那么说……"

林红："您还有什么疑问吗？"

客户："你说得很清楚，只是这一带住的全是退休老人，而且我们需要古典、质朴的款式。"

最后，林红苦口婆心地说了很多也没有拿到这份订单。

为什么林红滔滔不绝地介绍了那么多却一无所获呢？原因很简单，就是他没有发掘客户的隐性需求。尽管他苦口婆心地介绍，但是没有说到客户的心里也是白说，所以，只有满足了客户的需求，才能成功推销。

中国有句谚语叫"强扭的瓜不甜"，从心理学角度讲就是强迫对方做某事是达不到目的的，而从推销的角度来说就是，不满足客户需求的推销只会事与愿违。

人们在消费时会有很多需求，但归根结底是为了满足客户的隐形需求。在实际销售中，如果我们能充分发掘客户的隐性需求，就能在与客户的交谈中一语中的，销售将变得十分顺畅。

被誉为日本"推销之神"的原一平特别擅长发掘客户的隐性需求，并激发它，这也是他成功的秘诀。通过一系列的推销活动，他认为，很多人表面上不需要保险，但是经过分析，其实每个人都对保险有需求。

有一次，他成功地向一个刚毕业的年轻人推销了保险，而这个年轻人的年薪只有2万元，并且近期不想结婚。

当时，原一平这样对那个年轻人说："是的，照您这情形，您确实没必要投保险。如果有人来向你推销保险，那么他一定是脑子有问题。我从一个保险专家的角度分析，你也真没必要投保。可是，我想问一下，你打算结婚吗？"

"哦，这可能只是数年后的事吧！"

"嗯，是的。我想即使您结了婚，您也没必要投保，毕竟当您万一发生了不幸，您太太也会很年轻，他仍然可以改嫁，所以这段时间您仍不需要投保险。那么，我想问一下，您结婚后打算要小孩吗？"

"您这是什么意思？要小孩是人之常情，我也不例外。"

"您先别着急，等我慢慢跟您说。那么照您说，当您太太有孩子后，你们就需要投保了。现在让我们先看看这份保险的基本原则。投保险都必须考虑三个要素：首先是职业，您的职业并非高危险工作，所以没问题。那么让我们看看第二个因素，那就是健康，您现在身体也很健康，这也没有问题。不过，再过四年我就不敢说了，但是我们可以假定您的健康一直良好，那么健康这个因素也是没问题的。那么最后因素就是您的年龄，年龄越大，保费就越高，而且，每增加一岁，您要交的保费就增加3%。"

"那么说，再等三年又如何呢，也差不了多少吧？"

"亲爱的兄弟，这差别还真的很大。假设这三年之内，您太太怀孕了，而您再投保，您需要付出比现在高出9%的保险费。按照现在您上缴的个人所得税税率是37%，这样一算，您要多赚12%的年薪来支付这份保险费了。而且，这多付的9%，不是一下子支付，而是每年都要多支付9%，这笔账我已经给您细细地算过了，您看怎么才划算呢？"

客户沉默一下。

"按刚才的算法，假如您现在就投这份保险的话，这三年内你就节省了12%的保险，而这份保险仍然是同样的保险。刚毕业就能拿下两万年薪，我想您的前途一定是一片光明的，而且我也希望与您这样的客户建立合作关系，这样一来，我的业绩也会蒸蒸日上的。所以为了您，也为了我自己，我愿意为你量身定做一份合理的保险计划，让您在这份保险中节省 12% 的多余保费。"

毫无疑问，年轻人最后决定购买原一平的这份保险。

原一平为什么能够打动年轻的保险客户呢？原因就在于他句句点中客户的要害部位，顺利打通了客户的神经关节，成功地挖掘了客户的隐性需求。

管理大师德鲁克曾经说过："企业的存在在于创造顾客。"很多成功的企业也都充分证明企业的利润来源于"固定客户"。而且从经济成本上说，开拓一个新客户的成本远远高于维护一个原有客户的成本，但是只是一味地围着"固定客户"转，企业就难以有所发展。

而发掘客户的潜在需求，是把潜在客户变成实际客户的一种途径，也只有这样，企业才有创新发展的动力，而自己的销售业绩也会蒸蒸日上。那么怎么发掘客户的隐性需求呢？

（1）做好见面前的准备。比如查明客户的相关资料，对客户有一个全方位的了解，这是发掘客户隐性需求的关键。

（2）有效地提问。在实际的销售工作中，最忌讳的就是以自我为中心，一味地对产品进行发问而没有顾虑客户的需求。要站在客户的角度考虑问题，一步步地引导客户的隐性需求。

（3）进行封闭式提问。即客户只需要回答是或不是、对或错、知道或不知道，从中了解其对某个事物的观点，进而真正了解客户的隐性需求。

其中，开发式提问，它不像封闭式提问，它需要客户对销售者的问题进行解释或说明，从而激发客户的交流欲，然后从客户的谈话中搜索客户的隐性需求。

（4）适当的赞美。这是对客户的一种鼓励，这样一来，可以激发客户谈话的涉及范围，从而给销售者更多的空间和时间来发掘客户的隐性需求。

第十章　天下没有做不成的买卖

——销售之树常青的秘籍

THE PERFECT SIGNING

OF THE SALES

PSYCHOLOGY

1. 千万别做"一锤子买卖"

乔·吉拉德曾说:"我相信推销活动真正的开始在成交之后,而不是成交之前。"

毫无疑问,销售不是一次性的交易,而是一个连续活动的过程,所以千万别做一锤子买卖,要让客户记得你的好,让客户为你推销。成交并不是推销的终极目标,而是成功推销活动的开始,所以,不要忘记成交之后继续关注你的客户。

销售要有长远的眼光、开阔的眼界,不要为了一时的蝇头小利而损害客户的利益。否则,就会如俗语所说的那样"捡了芝麻,丢了西瓜"。

销售的终极目标不是一时的获利,而是培养更多的忠诚顾客。因为,客户才是我们最大的财富,是我们不能丢的"西瓜"。

很多推销员天天打电话热情推销,但是当推销成功后就不再跟进服务,而是以为推销成功了就万事大吉了。岂不知,他们忽略了自己最重要的客户,那就是已成交的客户,因为已成交的客户是自己的口碑,有了口碑,就能唤醒口碑周围的一大片潜在客户。

国外成功推销员的一句著名格言:"您忘记顾客,顾客也会忘记您。"所以,千万别放弃成交之后的客户,继续关注他们,了解他们对产品的态度,听取他们对产品的意见。这样既可以让自己发现推销中的不足,并就此采取提高自己的措施,又可以留住老客户,发展新客户。

有这样一个汽车推销员,在成功推销一辆汽车后,他都不忘继续跟进，每隔一个月就和客户通一次电话询问汽车的使用情况，并询问是否需要帮助。

这个客户感到很高兴，觉得这个推销员很有责任心，所以每当接到他的电话时，他就会很友好地说："没发现任何问题，发动机声音还是那么悦耳，谢谢你的关心。"然后每当这个推销员打电话过来，他都会对妻子说："这个推销员真的不错啊！"不久，邻居也被告知了这件事，很快，邻居也成了这位推销员的客户。

这位客户充分信任了这位推销员，还给他介绍客户。可见，真诚而友善的问候会帮你扩大市场，这种友好的关系是销售者在进行推销的过程中要注意建立和保持的。

也有很多推销员把推销定位成"一锤子买卖"，以为把商品推销出去就万事大吉了。他们从自己的利益出发，不考虑客户购买后的使用情况，这是一种单向沟通活动，会使自己丧失既有的人际关系，对推销来说，是一个重大的损失。

有的推销员并不考虑客户的感受，花言巧语地劝说客户购买不符合客户需要的商品，甚至以次充好，故意隐瞒产品的缺陷，不惜以欺诈的方式追求一时的销售额。其实，这种损失，不但是客户的，更是推销员的，这种推销员不但会被客户唾弃，也可以想象，欺骗和伤害了一个客户，将会影响这位客户周围的一大片潜在客户，而且这种影响将无法挽回。

利益离不开责任，责任可以逃避，但是客户的眼睛却容不下你。销售是一个长期的行为活动，所以推销要站在客户的角度思考，只有你为他着想，他才会为你思考。贪恋小便宜，会有大损失，所以要培养良好的信誉，有了良好的信誉，还愁没有客户吗？

所以，"一锤子买卖"并不适合推销，毕竟推销是一种长期的过程。但是，很多推销员都把"一锤子买卖"当作推销的手段，他们只看重眼前的推销，并不注重与客户的关系，在客户购买商品后不注意跟进服务，更不会适时地向客户打电话，其结果也只会是自己辛苦赚来的关系就此破灭。更有甚者，有些推销员还故意夸大商品的功能，从而让客户一时兴起而购买，结果使自己陷入推销的困境。

那些信奉推销需要和客户建立友好关系的销售者，注意服务跟进、会在适当的时间给客户打电话询问商品使用状况，结果他们的工作越做越顺利。销售者在具体商谈时，要注意以下几方面：

（1）不就商品论商品。推销员要从客户的心理需要谈论商品，在推销商品的同时营销自己。站在客户角度谈论商品为客户带来的利益，让客户明白：买的是利益，而不仅仅是商品本身。

（2）商谈时，不局限于本次交易。销售者可以谈谈与商品关系并不大的事情，比如家庭情况和社会问题，顺便谈谈以后的合作，从而转移推销这一赤裸裸的销售活动，让客户看到购买商品的长远利益。

（3）商谈成功后，适当地对成交条件做出原则范围内的让步。很多销售者直觉上会认为，这次让步会注定下次合作的让步，其实并非如此。恰恰相反，这次让步会成为下次合作的标准被沿袭下来。

（4）道别时，要有再次合作的表示。很多推销员在交易失败后，会表现出懊恼的情绪，其实不应该。因为这次不合作，还可以有下次，所以，无论交易是否成功都要尊重对方。倘若交易成功，客户会成为自己交易的扩大源，倘若交易失败，这个客户也将成为潜在的客户。

2. 对客户的抱怨要进行积极的回应

在销售过程中，销售者常常能听到顾客的抱怨，诸如物不美、价不廉、服务不周到。这种抱怨是客户的欲望没有被满足，是客户生气的一种表现。要想长久地立足市场，就要重视客户的感受，积极回应客户的抱怨。

有人做过这样一个调查，心存抱怨的客户会把自己抱怨的内容传达给 10 个人，而其中的 20% 会传达给其他 20 个人。如此一来，10 个心存抱怨的人会酝酿 120 个心存芥蒂的新准客户，其破坏力是不言而喻的。如果当时把客户的抱怨积极地处理了，70% 的客户还会继续购买；倘若能把客户的抱怨当场解决，95% 的客户会继续购买的，他们也不会把自己的抱怨传达给身边的人。积极回应客户的抱怨，不但可以让客户继续购买，而且也不会造成难以挽回的潜在危机。

可见，客户的抱怨不可忽视，如果处理不好，不但损失当时的客户，还会造成难以挽回的潜在危机。

其实，有抱怨是因为客户对公司有期望，有期待就要有解决的途径，所以一定要加以重视。顾客抱怨不仅可以增进销售者与顾客之间的沟通，而且可以诊断企业内部经营与管理存在的问题，所以，要在客户抱怨时，不但不回避问题，更要思考一下隐藏在问题背后的深层次原因，通过勘察问题背后的深层次原因，可以帮助推销人员发现需要改进的地方。

在美国迪士尼乐园，一块大而醒目的牌子醒目地树立在太空穿梭游戏前：10 岁以下儿童不能参加太空穿梭游戏。不过，这个牌子并没有给兴头上的家长过多提醒，有的家长带着 10 岁以下的孩子排了好长时间的队，到最后却不能游玩，此时的游客难免十分恼火。

为此，迪士尼乐园的服务人员想到了解决办法：她们会在一张印制精美的卡片上写上孩子的姓名，并告诉孩子，欢迎你到符合年龄的时候来玩这个游戏，到时候就不用排队了。于是，一时恼火的家长会变得很开心，然后离去了。

一张卡片抚平了客户的暴躁，还为迪士尼挽回了可能的抱怨扩散。

对此，做过调查研究的营销学家表示，当客户抱怨的时候，通常会有两种表现：一种是显性不满，即客户立即把抱怨表现出来；另一种是隐性不满，尽管客户不表现出抱怨，但是他们再也不在此消费了。现实中，显性不满容易被积极处理，而隐性不满却被忽视。调查还表明，隐性不满占客户抱怨的大多数，因此，销售者应该多加注意客户的隐性不满。

所以，客户的抱怨应该及时地处理，切忌拖延。因为拖延只会让客户的抱怨越来越强烈，所以要积极主动地处理客户的抱怨。那么该如何积极主动地处理客户的抱怨呢？

（1）心平气和。对客户的抱怨要有心理准备，保持一颗平常心。客户在抱怨时会很冲动，这时的销售者应该冷静行事，不可比客户更急躁。销售者应该体谅客户的心情，站在客户的立场来将心比心，诚心诚意地表达自己的过失，慢慢淡化客户的抱怨。只有销售者心平气和了，客户才能静下来。

（2）面带微笑。俗话说："伸手不打笑脸人。"当你满脸微笑地接受客户的抱怨时，对方的抱怨也会觉得有失礼数，从而减少怒气，愿意采取配合的态度来解决问题。

（3）换位思考。当面对客户的抱怨时，销售者应转换思维，站在客户的角度想问题。当我们能真正地理解客户的心情时，我们也就能够由衷地去解决客户的期望。无论对方多么愤怒地抱怨，只要你感同身受，客户的抱怨也会慢慢消失。

（4）认真倾听。客户的抱怨是心理的不满想让销售者知道，所以当客户抱怨的时候，他们需要的是听众而不是演员。所以，面对客户的抱怨，销售者要充当一个聆听者的角色；相反，没完没了地解释只会让客户的情绪更糟。同时，在聆听客户抱怨的时候，还可以从中找出客户期望的结果，从而满足客户的需求。

（5）迅速采取行动。体谅客户的痛苦而不采取行动，那就是空头支票。比如，"对不起，我知道这是我们的工作做得不到位。"不如说，"我已经了解我们为您带来的麻烦，您看我们能为您做些什么呢？"面对客户的抱怨，与其表明同情和理解，不如立刻采取行动，并制订可以预见的解决方案。

3. 勤奋才能赢得长期客户

"世界上没有真正的天才，所谓天才就是99%的汗水+1%的灵感"，这是爱迪生的名言。著名的推销之神原一平也说过："销售的成功就是99%的努力加1%的技巧。"乔·吉拉德也说过："销售的成功是99%勤奋加1%的运气。"由此可见，勤奋是成功的推销员应具备的品格。

有句流行于推销界的话："一个成天与客户泡在一起的销售庸才的业绩一定高于整天待在办公室里的销售天才。"正所谓："勤能补拙。"勤奋是打动客户的利器，勤奋能弥补技巧的不足。

现代营销之父菲利普·科勒特说："优秀的推销员依靠的是勤奋的工作，而不是运气或是雕虫小技。"

言语的说服力难免有些单薄，让我们看看美国最伟大的推销员伊斯是如何勤奋的：

> 伊斯为了达到一天访问130家的目标，用记录器来逼迫自己实现。尽管到傍晚的时候，他已经累得体力透支、头昏脑涨，也不记得自己说了什么，但是他仍然笑着说："虽然我不知

道自己在推销的时候说了些什么话，但是我的意识告诉我：我在尽力推销商品。"不论是节假日还是礼拜天，抑或入睡前或睡醒时，他都不忘这份工作。

伊斯说："推销的成败取决于是否能忍耐长时间的工作。"他还表示："只要工作时间比别人长二至三倍，你能战胜推销技巧强的人。所以我的座右铭是比别人的工作时间多出二至三倍。我靠自己的勤奋赚钱，当别人在悠闲玩乐的时候，我用多余的时间来工作，若别人一天工作八个小时，我就工作十四小时。"

不知哪个哲人曾说过，世界上能登上金字塔塔顶的动物只有两种，一种是鹰，一种是蜗牛。鹰靠的是翅膀，而蜗牛靠的是勤奋。同样，从事推销事业的人，无论他们的环境、机遇、天赋、学识等外部因素多么优越，如果他们不懂得勤奋与努力，也不会有什么大的推销成就。

无数事实证明，勤奋永远是成功的敲门砖。励志电影里《当幸福来敲门》的男主角克里斯托夫·加德纳就是靠勤奋赢得了成功。正如一位成功人士所说的那样，要想成功就要勤奋地一步一步走出来。而销售更是如此，就像美国最伟大的推销员伊斯一样，只有比别人工作更长的时间才能有比别人更卓越的成就。

勤奋是推销员成功进阶的工具，毕竟推销不是一次拜访就能成功的事情，所以为了生存和发展，销售者不得不付出更多的努力。那么，销售者应该在哪里勤奋呢？

（1）勤学习。

①学习销售知识、专业知识、产品信息。当面对顾客时，能以一个专业人士示人的话，就更加能赢得客户的依赖。可以换位思考一下，当我们买东西的时候，推销员用专业的话给我们讲解的时候，我们会对这个产品更加信赖。所以要不断学习，不断提高自己的相关知识，让自己

更像个专业的销售者。

②学习专业以外的知识。学习业余知识，能让你更加侃侃而谈。如果只是和客户谈些专业知识会让对方感到厌烦，倘若能够用产品以外的知识入题，在交谈中穿插产品以外的知识，就更能让交谈者投入。营销，不过是在营销自己。所以专业以外的知识是吸引对方的亮点，这样既不至于冷场，又可以促进交流。

③学习管理知识。学会如何管理自己的时间、财务，这不但是对自己的提高，更能让自己变得井井有条。只有管理好了自己，才能以最佳的状态与客户交流，客户也会对你更加敬重，这样谈判的成功概率也就大了许多。

（2）勤拜访。推销不是一蹴而就的工作，没有吃苦耐劳的精神是很难成就卓越的销售业绩的。

①敢于碰壁，不怕被拒绝，把被拒绝当作家常便饭。

②要练习自己的两片嘴唇，既能说又要会说。不但把话说得有声有色，又要句句切中要害。

③要练就厚脸皮，不怕讥讽、拒绝。要能忍别人不能忍之气，能容别人不能容之事。

④立即行动，要比别人多跑几趟。一旦客户有什么问题，要及时赶去处理，这样客户心理上会有种被重视的感觉。当客户有种被重视的感觉时，他也就开始重视你的产品和服务了，而此时，推销人员也离成功不远了。

（3）勤动脑。遇到问题，要冷静思考，多问自己几个为什么，找到问题的根源，然后制订解决问题的方案。销售中往往存在很多突发事件，要时刻保持清醒的头脑，把问题处理在恶化之前。

（4）勤沟通。沟通并非只和客户沟通，更要和同事沟通。与同事交流推销意见，从别人的经验教训中学习推销的"注意事项"。或许自己遇到的问题，同事也遇到过，如此交流不但提高了自己，同事也得到了提高。所以，交流是进步最快的方式，用笔记下客户的要求。

4. 要学会放长线"钓大鱼"

俗话说"放长线钓大鱼"，所谓"放长线"就是要有长远打算，才能有大的成就。而与"放长线钓大鱼"相反的是"鼠目寸光"，毫无疑问，这是一种急功近利的短视行为，这样一来会让更大更长远的利益被损失。

战国时候，大商人吕不韦在赵国做生意，偶然见到一个气度不凡的年轻人。得知他叫异人，是秦昭公的孙子，太子安国君的儿子，是来赵国当人质的。

当时，秦国与赵国战乱不断，所以异人的生活条件被故意降得很低。吕不韦得知这个情况后，便想到了如果扶植异人成为一国之君，从中能获取到巨大的利益。他不禁自言自语地说："此奇货可居也。"

于是，便开始谋划着做这笔大生意。首先，他买通了赵国官员，从而接触到异人，并爽快地说出了自己的来意，他问异人："我想办法让秦国将你赎回去，然后立你为太子，你觉得怎么样？"

这样求之不得的事，异人当然不会拒绝，并说："倘若真能实现，那一天，我定重重地报答你。"为此，吕不韦费尽周折，他贿赂了安国君身边的两个人，然后把异人赎了回来。

太子安国君有二十多个儿子，但是自己最宠爱的夫人却没有儿子，于是，吕不韦又花重金贿赂华阳夫人，让华阳夫人收异人做她的嗣子。

秦昭王死后，安国君继位，史称孝文王，立异人为太子。孝文王在位不久即死去，太子异人继位为王，即庄襄王。

庄襄王不忘吕不韦的救命之恩，拜吕不韦为丞相，封文信侯，并把河南洛阳一带的 12 个县作为封地，以 10 万户的租税作为俸禄。庄襄王死后，吕不韦被太子称为仲父，从此，吕不韦权倾天下。

吕不韦默默地付出了大量金银财宝，最后获得了财利双收。这样的"大鱼"不是从水里跑上来的，而是吕不韦苦心经营的结果。倘若没有当初的"长线"，何来权倾天下的荣耀。

销售者在销售的过程中，也要有长远打算"放长线钓大鱼"，不被小利诱惑。

在销售中，返利是让客户欣喜的，而这也是商家们"放长线钓大鱼"的一种典型手段。虽然商家鼓吹"买多少送多少"，看起来顾客是赚了不少便宜，其实商家在价格上做了手脚，销售额和利润并没有减少。

对推销感兴趣的人来说，乔·吉拉德绝对是一个响亮的名字，他曾被吉尼斯世界纪录誉为"世界上最伟大的推销员"。那么他是靠什么创造推销神话的呢？毫无疑问，他有一个完美的促销法，即"放长线钓大鱼"。那么，乔·吉拉德是如何"放长线"的呢？

他把所有与自己有过交往的人都看作自己的潜在客户，他会在每年寄上 12 封广告信函，而且每次都以不同的色彩和形式投递，并且在信封上避免使用与他的行业相关的名称。

1 月份，他会在喜气洋洋的信封上缀上"恭贺新禧"和自己简单的署名："雪佛兰轿车，乔·吉拉德敬上。"此外，别无他物。即使遇到什么大的促销也只字不提。

2月份，他在绽满玫瑰的信封上题上"请你享受快乐的情人节"和简单署名。

3月份，信中写的是："祝你快乐！"不管有没有节日，他都不忘送去祝福。

4月、5月、6月……他都依然如此。

或许你会觉得多此一举，但是在每个节日里收到祝福，没有人会拒绝这喜庆话语。而且，这样一来，乔伊·吉拉德的名字也会有十二次机会出现在愉悦的气氛中。

乔·吉拉德并没有滔滔不绝地推销自己的产品，但这种不着边际的推销，却给人留下了更为深刻的印象。只要你买东西，只要他有，你第一个想到的肯定是乔·吉拉德。

顾客都有一种贪便宜的心理，"放长线钓大鱼"就是不断地给顾客小便宜来抓住顾客的消费欲望。销售中，商家总是不为小利所动，甚至舍弃小利让顾客受益，从而抓住顾客的心理。

沃尔特·米歇尔是一位著名的社会认知心理学家，他提出了一种"延迟满足"现象。这种现象是指一种个体甘愿为更有价值的长远结果而放弃即时满足的抉择取向，在等待长远价值的过程中，个体展示了很强的自我控制力，心理变得成熟很多，这是人格中自我控制的一部分。

在销售中，销售者要富有耐心，不可见到鱼上钩就收线，否则可能把大鱼吓跑。在钓鱼的阶段，要耐心等待，即使鱼已经上钩了也要沉住气，让鱼把鱼饵彻底吃到嘴里，然后他们就会放松警惕心理。让鱼用力跑，当鱼跑累的时候，再收钩，大鱼也就顺利地被我们捕到岸上了。

那么，在具体的销售工作中，该怎么做呢？

首先，要舍得施"鱼饵"。只有可口的"鱼饵"才能吸引住"大鱼"。古人常说"吃亏是福"，而这些"鱼饵"就是亏，从长远角度看，那些小亏不是白吃的，它会带来更大的便宜。这不但是一种发人深省的人生哲学，更是一种可贵的销售之道。

其次，学会等待。施了鱼饵，要等到鱼尝到鱼饵的可口不舍得吐为止。而此时，耐心等待变得尤为重要，倘若一着急惊动了大鱼，不但损失了鱼饵，很可能鱼钩也被大鱼叼走了。

最后，注意放线的长度。如果线放得过长，鱼也会溜走，所以在与客户交谈的时候，既不能盯得太紧，又不能给客户太多的空间。当劝说顾客的时候，不妨给他们一点空间，让顾客的心放松下来，然后慢慢加"鱼饵"，这样大鱼就会被钓到了。

5. 将售后服务进行到底

一个著名的营销师说过："销售与服务是一对连体婴。"所以在注重销售的同时也应该不忘服务，特别不容忽视的是售后服务。很多成功的销售者都信奉：最好的销售就是服务，优良的服务就是优良的销售，销售要与服务相结合。

在高度竞争的市场经济条件下，产品质量的优势并不能远远超过竞争对手，而优良的服务品质却可以体现出公司之间的差别。

日本销售大师原一平说："销售前的奉承，不如销售后的周到服务，这是制造永久客户的'不二法门'。"可想而知，尽管商品质优价廉，如果服务不能满足顾客的需要，那么公司的印象也会被客户看低，从而失去商品的自身信誉。

根据一项营销行业的统计，顾客之所以不再向销售者购买产品的原因及比例如下：3%是因为客户去世或搬迁，6%是因为客户转向其他人购买，9%是因为客户转向其他品牌，14%是因为客户对产品和促销活动不满意，68%是因为客户觉得销售者态度冷淡和对售后服务不重视。

可见，售后服务对建立稳定而忠诚的客户群多么重要。当然，服务应该贯穿于销售的整个过程，售后服务是最后一个环节，但是从统计数据可以看出，售后服务却是与客户建立长期业务关系的关键环节，是决定能否建立忠实顾客群、实现持续经营的关键。

那么售后服务到底是指什么呢？售后服务，就是销售者把商品销售给客户后，对客户进行的跟踪服务，包括对顾客使用和保养产品的方法指导、对顾客投诉和其他反馈信息的处理，对产品退换货的服务以及与顾客的定期联系等活动。

那么做好售后服务到底有什么益处呢？

（1）增加利润。有这样的数据：销售者销售额的80%来自20%的忠实顾客。不难看出，良好的售后服务不但能造就忠诚的客户，而且能让客户持续性购买，让你的口碑得到扩散，创造潜在的销售渠道。

（2）降低成本。与其花费精力去开发新客户，不如轻松留住老客户。而且开发新客户所要花费的时间和金钱远远超过留住老客户所花费的时间和金钱，所以用良好的售后服务留住现有顾客才是最划算的一笔账。

（3）销售扩散。有这样一个数据：60%的新顾客来自老顾客的推荐。所以，好的售后服务会给客户留下好的口碑，这种口碑会让你的好名声扩散开来，而你的客户也将越来越多。客户的增加，随之而来的便是销售的增加。

（4）提升个人形象。老客户能够成为销售者的回头客，反映了客户对销售者的认同和信任。所以伴随着良好的售后服务，个人素质和修养也会随之提高。

被誉为连锁销售圣经的《业务指南》中有个"3721"法则，这是业务团队经过了充分的市场实践应用，并且行之有效的一套售后服务经验，大致如下：

所谓的"3"，就是在交易完成后的第 3 天要上门探访或电话联系顾客，以询问客户对产品的使用方法是否得当，这个动作可以体现你服务的细致与周到，使顾客产生亲切感。

所谓的"7"，就是在交易完成后的第 7 天要打个电话询问产品的使用情况和使用效果，并针对情况解除客户疑问。

所谓的"21"，就是在交易完成后的第 21 天要上门拜访，询问客户对产品的体验效果是否明显，若产品用完了，可以借机推销下一轮的产品，创造持续性消费。

有个成语叫鬻马饶缨，说的就是卖马的时候把马脖子上的皮带一起赠与买家。而市场经济时代，鬻马饶缨说的就是出售商品时不忘售后服务，赢得信誉。这种经营谋略为很多成功的营销商家所运用。

　　美国的凯特皮纳勒公司是世界著名的生产推土机和铲车的生产和销售公司。这个公司广告宣称："只要你购买了我们的产品，不管你身在何处，即使是零配件的更换，我们保证在 48 小时内让你用到。如果送不到，我们免费提供给你们。"他们说一不二，有时甚至不惜借用直升机把价值 40 美元的零部件送到偏远地区，而这个费用却高达 2000 美元；有时也会无法在 48 小时之内把零件送到用户手中，他们就真的如广告中所说，把产品白送给用户。为此，这个公司靠着良好的信誉，历经 50 年不衰。

这一公司的成功就在于他们对"缨"的重视，他们奉行"用户至上，服务第一"。这样善始善终、尽善尽美，既解除了用户的后顾之忧，又把信任的种子播在了用户的心上，建立了忠实的顾客群，巩固和扩大了市场占有率。

心理学上不但有首轮效应，更有末轮效应。末轮效应指服务的后期要尽善尽美,实现一种"功德圆满"的境界。而凯特皮纳勒公司对于零配件的重视就是对末轮效应的运用。

末轮效应在销售中是指商品销售后不忘继续跟踪服务。它通常能在顾客心中留下完整的形象,是销售的一个重要组成部分。正如做人要有始有终、始终如一一样,销售也应该善始善终。

那么,怎么才算是合格的售后服务呢?

首先,热情至上,耐心及时。当产品出售以后,要对顾客的疑问,热情周到地解答,要让客户有种被重视的感觉。要耐心及时地回答客户的问题,打消客户的疑虑,让客户放心地使用产品。

其次,引导为主,体验为辅。在售后服务的过程中,要用专业的知识指导客户体验与感受产品,并让他们感受到产品给他们的生活和身体带来的变化,有助于帮助客户树立正确的消费及保健观念,使客户继续使用产品,建立稳定的消费群体。

最后,鼓励与关怀并进。售后很长时间后,要登门拜访,观察其变化,并鼓励其继续使用;不忘对其称赞和关怀,每逢节日不忘送上真诚的祝福。

6. 使客户没有分神的机会

在如今快节奏的生活中,人们的"时间"与"耐心"是相对有限的,因此,在销售中,销售者如不能有效地抓住客户的注意力,那么成功销售的概率将几近为零。

注意力是人被某种东西吸引的心理现象,它是人的生理机制与大脑反应机制相协调的一种特殊心理现象。客户的注意过程就如同"巴甫洛夫学说"所解释的，注意力是被客观事物所影响，反应在大脑皮层的有关区域产生优势兴奋中心。很显然，一旦销售者不能吸引客户的注意力，客户就会分神。

所谓的"兴奋中心"，即指能引起客户关注或熟知的东西。在销售中，一旦发现客户有分神迹象，销售者就应该及时地调整谈话策略，瞄准客户的"兴趣中心"，以此为启发点进行扩展，把客户重新拉到销售之路。

乔·吉拉德被誉为世界上最伟大销售员，曾创造过销售界的吉尼斯纪录——世界上卖出汽车最多的人。让我们一起来看看乔·吉拉德能给我们带来什么启发吧？

一次，乔·吉拉德看到一位看上去有点腼腆的客户走进汽车展览厅，他就主动上前和他攀谈："先生，您好！有幸见到您！我有项特异功能，那就是一个人站在我面前，我能一眼看出来这个人所从事的职业。"那位先生微笑一下，并未表示什么。乔·吉拉德直视着这位客户说："哦，我敢与您打赌，我想您是一位律师。"

在美国有这样一个文化习惯，律师是很受人尊敬的高薪职业。因此，即使猜错了，对方也会很高兴，毕竟这是受人尊重的一种表示。

当然，那位腼腆的先生并非律师。因此，那人连忙向乔·吉拉德解释道："不，不是。"乔·吉拉德立即问："那您是从事什么职业的呢？"那位先生一脸不好意思地低声说："我想你一定想不到，我只是一个屠夫，每天和牛打交道。"

他也许在期待乔·吉拉德的窘况，但是乔·吉拉德却激动地说："哇，真的吗？我一直对吃的牛排表示强烈的兴趣。如果您愿意的话，能不能带我一起参观了解一下屠牛的场景？"

很显然，乔·吉拉德并非是敷衍客户才显出如此的兴致，所以，那位客户也很快被乔·吉拉德的热情和真诚感动了。于是，他们一起讨论起了关于如何屠牛的事情。

半小时后，那位腼腆的客户完全被乔·吉拉德的坦率和真诚打动了，他不但购买了乔·吉拉德推荐的汽车，还邀请乔·吉拉德前往他屠牛的地方进行参观。

其实，客户给销售者一个拜访的机会，只是销售过程的第一步，而接下来的洽谈才是最重要的。为什么乔·吉拉德能够在不谈销售的前提下顺利完成销售呢？毫无疑问，这是因为乔·吉拉德深深地抓住了客户的"兴趣中心"，从而引导客户进入了一种和谐的洽谈氛围中，又不至于让客户分神，从而一气呵成。

那么我们该如何让客户不分神呢？以下事项可做参考：

（1）拜访可能只有一次，而且这次也来之不易的，所以拜访客户之前要做好充足的准备。尽量掌握客户的详细资料，从而让谈话围绕客户的"兴趣中心"来展开。

（2）给客户留下良好的第一印象。初次见面的前十秒是人们对另一个人建立印象的关键时刻，所以销售者应该竭力向客户传达一种"专业与亲切"的第一印象。当然，经营老客户，更应该注意个人形象，从穿着仪表上向客户表达尊重。

（3）前十秒最好能表现出自己的"自信、热忱与诚恳"，这三种气质是接下来谈话质量的关键。

（4）站在客户的角度想问题，真诚地关心对方，给客户一种你的到来是给他带来利益和方便的印象。虽然，身为公司的销售者，但是不为客户谋福利，客户又怎会给你利益。

（5）真诚地赞美客户。当然，赞美的方式要平和，从细节方面着手，这样的赞美更能让客户接受。比如，书桌的摆设、客厅的装修等。

（6）精彩而间断的开场白。最好不要拖拉和缺乏新意，避免落入俗套。

（7）别忽视你的肢体语言，并且永远面带笑容。坐直身体，面带微笑，用和善的眼神直视对方，这都是对客户尊重的表示，同时也是自我气质的一种体现。

（8）激发对方的好奇心。有了好奇心，客户才会有探索的欲望，要切实地抛出客户熟知而又很有吸引力的话题，让客户参与进来。

（9）尽量保持放松的谈话方式。一旦客户看到你的紧张，客户也会觉得尴尬。

（10）切勿喋喋不休地谈论自己的问题。毕竟，客户关心的都是自己，所以与客户无关又不能引起客户兴趣的话题，还是少谈为好。

（11）寻找双方共同话题，让谈话变成一场互动。这样一来，与客户之间的距离便很容易被拉近。

（12）明确你的谈话给客户带来的"重要性"，让客户觉得错过会有重大损失。

7. 让客户在自行对比中见高下

很多时候，销售者讲得口干舌燥也未必能打动客户，这时不妨拿其他产品与这个产品做比较，让客户在自行对比后自己做定夺。

从心理学角度讲，人们在认识一个事物时，如果能把同类产品放在一起做比较，形成一种对比感，这有利于被认识事物的差异被突显出来，从而有利于人们从中做出判断，这也是心理学上所说的"对比效应"。所以，作为销售者可以利用"对比效应"，拿对手产品的缺点来突显自己产品的优点，从而让客户在自行对比中做出明智选择。

　　小杨是一家铸沙厂的销售者，他曾多次试图拜访一家铸铁厂的采购科长，但是每次都遭遇了闭门羹。但是，小杨依然坚持不懈，最后终于得到了一次五分钟的会面时间。

　　小杨来到客户办公室，二话不说，摊开一张报纸，然后从皮包里取出了一袋沙，一下子倒在报纸上。顿时，屋子里沙尘飞扬，科长咳嗽了一声，对小杨大吼道："你这是在干什么？"

　　小杨很淡定地说："这是贵公司采用的沙，我上星期特意从你们的生产现场要来的样品。"

　　然后，小杨又铺开一张报纸，把另一包沙倒在了报纸上。这时，不见沙尘飞扬的场面。科长大为惊叹，短短的五分钟，小杨让科长明白了两种产品的性能、硬度和外观存在明显区别。科长很快就被说服了，最终订购了小杨的产品。

可见，一经比较，客户在自行对比中见高下，既彰显了自己又压低了对手，一石二鸟。

在社会飞速发展的当下，同类产品琳琅满目，不同的宣传广告、推销手段，让消费者不知该如何选择。那么，销售者不妨利用"对比效应"，打出差异化推销的旗帜，让客户自行做出选择。

要想让自己的产品脱颖而出，得到那些热衷追求个性的客户的青睐，特别是在当今同质化产品日益增多的今天，差异化推销更显得尤为重要。

七喜饮料打出这样的口号：做非汽水类饮料的领头羊。因为当今社会上的饮料分两种：一种是汽水类，一种是非汽水类。可口可乐和百事可乐可以说是汽水类饮料的领头羊，而非汽水类的领头羊便是七喜。七喜以这样差异化推销的方式，既避开了强劲的对手，也为自己的发展开拓了空间，同时也突出了自己与可乐类产品的不同之处，吸引了人们的注意力。

可见，要想获得青睐，一味地强调自己的优点，倒不如找出对手的弱点，从而突出自己的独特卖点，让客户一目了然地接受自己的产品。

很多时候，销售者需要向客户现身说法，这时销售者不妨利用对比的说话技巧来说服客户。

史考特是位著名的保险推销员，他有一套自己的差异化销售绝活。

一天，有位客户问史考特："假如我今天存同样多的钱到银行和保险公司，你觉得哪种方式更划算？"

"如果以十年为期限的话，银行的定期存款会比较划算。"史考特说。

"你的回答与众不同，一般的推销员都会说保险更划算。"客户说。

"我坚持自己的原则，实事求是地给你说明情况，至于你是否购买我的保险则是与此无关的事。如果单考虑存钱生利来说，定期存款或许比保险更划算。"史考特说。

"既然这样，我何必买保险呢？"客户有些意外。

"但是存款与保险的区别就在于，从投保的当天起，您的人身将有了保障，而存款则只能获得本金和利息而已。因此，客户先生，不管您怎么考虑理财，您都该根据自身情况，来为自己辛苦赚来的钱做好规划吧！"史考特真诚地说。

"你很真诚，我被你说服了。你给我设计一份保单吧！"客户没有再追问便决定向史考特购买保险。

也许我们并不能从史考特和客户的谈话中看见明显的销售痕迹，更像是客户自行决定购买保险的。但是当我们仔细观察会发现，客户之所以下决定购买保险，是因为史考特向他分析了存银行和买保险的利弊，从而帮助客户做出了买保险的决定。可见，差异化说服更能将产品的优点显现出来，从而帮助客户尽快地做出决定。

那么作为销售者该如何让客户在自行对比中见高下呢?

首先，知己知彼，百战不殆。要想做出差异化销售，首要任务就是熟知自己公司产品的优点和对手公司产品的缺点，从而拿竞争对手公司产品的缺点来与自己公司产品的优点作对比。

当然，要想了解所有对手的一切详细资料也是不太可能的，但是只要了解一些销售重点的关键因素，就能制敌于千里之外。我们可以了解以下几项内容：

◆竞争对手销售者的能力与成就;

◆竞争对手的价格控制机制与信用状况;

◆竞争对手的产品或服务有哪些优缺点;

◆竞争对手的销售策略与经营策略;

◆竞争对手的产品或服务的品质保障与可靠度;

◆竞争对手的发展潜力与发展走向;

其次，在与竞争对手的产品作比较时，要坚持实事求是的原则。不要刻意批评对手的产品，否则只会让客户觉得你在贬他以褒己，这样会引起客户的反感，甚至会怀疑销售者的居心。

因此，销售者不妨这样差异化介绍：

◆说出自己产品的相关特色之处;

◆表明产品的最大卖点;

◆举出竞争对手产品的缺陷;

◆适当用产品的综合能力与价格贵的产品作比较。

第十一章　掌控客户的心理，打开销售之门

——销售心理学中的定律

THE PERFECT SIGNING

OF THE SALES

PSYCHOLOGY

1. 伯内特定律：给客户留下深刻的印象才易于成交

美国广告专家利奥·伯内特提出了伯内特定律：只有占领头脑，才会占有市场。销售的最高境界不是苦口婆心地向客户推销产品，而是让客户主动找上门，而让客户主动的重要筹码就是给客户留下深刻的印象。

销售实际上是同行之间的一场战争，谁能掌控消费者的思想，谁就是最后的赢家。我们所处的社会，商品种类繁多，同一类型的产品也是各种各样，款式、功能、价格等都不尽相同。那么，在市场竞争如此大的情形下，如何成功吸引客户的注意，使客户在那么多家商户中选择自己是成功销售的第一步。

唯有率先占领消费者的头脑，才能使消费者想起该产品，进而激起其购买的欲望，达到成功销售的目的。

民国时期，武汉一位老板在繁华热闹的地方开了一家皮鞋店，取名豪革皮鞋。该店的鞋子虽然款式良多、设计新颖，但却无人问津。没过多久，老板发现附近几家鞋店都通过登广告来推销产品，生意非常不错，于是他也想做广告宣传一下。

但怎样做广告才能打动客户呢？此时，他的账房先生献计说："商业竞争与打仗一样，得注重策略。倘若你舍得花钱在市里最大的报社登三天的广告，问题就会解决。第一天只登个大问号，下面写一行小字：欲知详情，请见明日本报栏，第二天依旧，等到第三天揭开谜底，广告上写'三人行必有我师，三人行必有我鞋——豪革皮鞋'。"

老板的眼睛一下子就亮了起来，觉得这个计策不错，于是就按照先生给的建议找到报社。此广告一登出来果然引起了读者的好奇心，带来了很多客户，鞋店顿时家喻户晓，生意火红。

鞋店老板对此感触很大，他意识到做广告要善于掌握读者好奇的心理，想办法加深读者对广告的印象。他们用广告进行宣传，并巧妙地利用了读者对悬念特别关心的心理，大吊读者胃口，最后让其恍然大悟，达到了极佳的效果。

销售，是销售者与客户之间心与心的互动，销售者要懂得利用伯内特定律，占领客户的头脑，掌控住客户的思想。广告宣传是占领客户头脑，吸引更多客户的有效方法之一。

而要加深客户的印象就要懂得创新。在如今竞争激烈的销售情形下，创新可以说是一个企业的灵魂，只要善于创新，在"新"与"特"上做文章，企业就会有发展的商机。没有创意就没有市场，市场和商机都孕育在创意之中，只有不断地发现市场的需求，并千方百计地用广告的创新和产品的创新来吸引更多的客户，企业才能获得长远的发展。企业的产品只有在客户的头脑中占有重要的位置时，才可以促使消费者购买你的产品，也才能在商品大潮中畅销不衰。

2015年春节，腾讯推出微信红包，火爆了整个互联网，这使原本在支付战场上遥遥领先的支付宝陷入了冷落时期。马云很难受，支付宝的压力也很大，一个产品被人家两个产品一起虐，这得多难受啊！所以，支付宝也得有所动作。

于是2016年年初，支付宝集五福活动上线。这也算是春节小年开始前，支付宝吹响的跟微信和手机QQ红包的战役号角。"集齐五福，平分 2 亿现金"的红包活动堪称风靡全中国，见到"福"字就要拿出手机扫一扫，"你集齐了没有？""还差哪一张？"甚至成了好友相见的问语，一时间，几乎身边人都跪求稀缺的那张"敬业福"。

根据 360 搜索数据显示，1 月 18 日单字"福"的搜索指数高达 465 万，而"福字"的搜索指数高达 510 万，各种搜索"福"字的指数和已经远超 1000 万。这么大的增长量绝非偶然，这和支付宝"集五福"活动时间高度吻合。很多人为了迅速集五福，在 360 搜索上搜索福字图片，才导致搜索指数瞬间爆棚。

一时间支付宝聚集了高强度的曝光和关注，传播量和品牌影响力巨大，可谓完胜微信。

马云通过创新使支付宝一时间占领了客户的头脑，在客户的头脑中占了重要的位置。不是主动向客户推销，而是通过"集五福"的活动让客户主动关注和使用，这正是创新的益处所在。

在供大于求的市场环境中，无处不充斥着推销的声音，想要在激烈的竞争中胜出，就必须和客户打心理战，让产品在客户心中留下深刻的印象。同时，要注重创新，提供差异化的产品，以此来占领客户的头脑，这样才能在竞争激烈的同类产品中脱颖而出，进而提高销售效率，创造傲人的销量。

2. 250定律：每位顾客身后都有看不见的250个人

心理学家通过调查发现：80% 的人都会说"不会相信陌生人"，剩下

20%的人有点犹豫。当你在推销时，顾客打开门发现是陌生人，很多都会防备地问一句"你找谁"，然后就直接说不需要，关上门。如此情形自然不可能成功，而如果是熟悉的人，顾客就会很热情地迎进屋内，这样就有了推销的机会，也就等于成功了一半。

显而易见，相比于陌生人，顾客更愿意听取自己亲人、朋友的意见，他们是影响顾客决策的重要因素。所以推销者永远不要忘记关心重视客户身边的人，这个人很有可能就是你的潜在顾客，后期也会为你带来更多的顾客。

每个人都不是独立的个体，背后都站着许许多多的亲友、同事等，所以这就要求销售者要认真地对待遇到的每一位顾客，可能他就是你销售成功的引导者，当然也可能是你销售失败的促成者。

曾经有一位资深房地产销售者这样讲：他刚开始做销售时，一次去拜访客户，他准备了很多资料，也将房子的各种资料介绍得很清楚，可是顾客就是不同意买。他不明白什么原因，第二天再次去拜访，还是没有成交。当他从顾客的卫生间里出来时，无意听到顾客的母亲说："我不同意买，他每次过来都好像没看到我一样，没一点儿礼貌，我们现在的房子不是住得好好的吗？再说，好房子多的是，干吗一定买这个？"听了这些，他瞬间明白了。

这位销售者之所以没有成功，是因为他忽视了顾客最重要的亲人，而她正好是顾客背后的决策者。由此可以看出销售者应该做到重视每一个人，把自己的积极态度传达给顾客，增加销售成功的概率。反之，只会让自己陷于被动，甚至完全失去机会。

张明是一位手机销售者。一天，商场刚开门，大家还都在打扫卫生，店里进来了一位50多岁、穿着朴素的阿姨，大家看看阿姨，认为她只是逛逛，不会买或者只会买便宜的机器，就没有人去接待她。一会儿，这位阿姨就逛到了张明这边，张明想着，闲着也是闲着，她买了当然最好，自己也有业绩；不买，自己也没有什么损失，就当是练练自己的销售技巧。抱着这样的态度，他认真地给这位阿姨介绍了几款手机，讲得非常仔细，有些功能阿姨不会，他就耐心地一一教给她。但是阿姨最后没有买手机，说下次再过来，张明也就微笑着送走了这位阿姨。同事们都说，看着都不像是会买的，浪费时间！张明一笑置之。

第二天，这位阿姨带着自己的朋友又来了。张明热情地接待了阿姨和她的朋友，介绍了几款手机，因为昨天的聊天，阿姨对张明的印象非常好，一直帮着张明给她的朋友介绍，最后这位阿姨和她的朋友一人买了一台手机。本来以为事情就这样结束了，没想到又过了几天，阿姨的朋友又带着自己的姐姐来了，姐姐说看妹妹这手机很不错，自己也买一个。就这样张明的一个不经意，就卖出了3台手机。

张明能销售成功，就是因为他认真地对待了自己的顾客，没有因为顾客穿着朴素就轻视顾客，在顾客的心里留下了良好的印象。这个顾客再传给自己的朋友、亲人，一传十，十传百，就这样张明一次的销售就带动了后面更多的销售。

营销学教授戴维贝尔研究发现：人们在尝试一件新事物时，由于没有亲身经历，对陌生事物不了解，本能地会根据熟悉人的推荐来决定。这就是"熟人效应"，所以销售者要认真地对待自己的"第一人"，利用"熟人效应"无形中会产生很多的能量，促使销售的成功。

如果对待客户爱答不理，顾客就会对你的印象不好，这样无形中你失去的不止是一个顾客。就像张明，如果刚开始他也和别人一样没有接待这位顾客，那么他也就不会销售成功，更不会有后面的连带效应。

在销售过程中，推销者要重视每一位遇到的人，养成随时开拓潜在客户的习惯，它包括客户和客户身边的所有人。即使是很资深的销售者，也无法在一开始就判断出谁会是购买你产品的人，而谁又是真正的决策者。

3. 哈默定律：没有坏买卖，只有蹩脚买卖人

哈默认为"没有坏买卖，只有蹩脚的买卖人"，这是源于他对经商的深刻理解。

哈默有多重身份，有人称他为"和平使者"，也有人称他为"万能商人"。他是一个随性的人，没有人知道他下一步要做什么，但他却能百发百中，获得了巨大的成功。他一生经商涉及多个领域，凭借直觉和魄力，再加上天才的经营能力和学习能力，使他无往而不胜，成了商界的传奇人物。

哈默的父亲经营着一家制药厂，因为行医无法兼顾，导致制药厂面临倒闭，要求哈默来拯救这家岌岌可危的制药厂。之后，哈默运用自己的经商才华拯救了这家制药厂，在学生时期就成了百万富翁。

因为一次医疗事故，哈默的父亲受审入狱。老哈默非常关注自己的国家苏联，哈默决定完成父亲的愿望，帮助苏联人民度过饥寒交迫的生活。那时，苏联经过战乱百废待兴，由于道路不通，人民只能守着矿产、宝物挨饿，哈默决定用以货易货的方式，帮助苏联人民解决挨饿的问题。他的胆识得到了列宁

的赞赏，当时党内争论不休，一片'宁可饿死不卖国'的声音，列宁决定给哈默特许经营权，两人在这期间也建立了特别的友谊。接着，哈默联系美国的多家公司与苏联做生意，在列宁的过问下，他还成了苏联和美国的贸易代理商，哈默在苏联的生意也越来越好。

1921年，哈默在莫斯科的官方报纸上看到苏联即将进行一次全国范围内的扫盲运动。他当时并没有在意，在他准备启程回国时，去一家商店买一支铅笔，发现铅笔价格很高，而且数量很少。他敏锐的洞察力使他发现了这一商机，他决定建铅笔厂，当时身边的很多人都反对，但哈默坚持自己是对的，找了懂这个行业的人进行技术支持，用计件工资的方式管理生产。因为他生产的铅笔做工精良，很快就解决了苏联的铅笔供需问题，有了几百万美元的收入，他的铅笔厂还成了世界上最大的铅笔厂之一。

哈默不仅有着杰出的商业天赋，在别的领域也都能做出巨大的成就，商界著名的"哈默定律"就是他提出的。

敏锐发现商机的能力和果决的魄力，是销售者能够成功的关键。成功的销售者在最初发现商机时，总是会有很多反对的声音，其至人们会认为他们都是"精神病""不正常"。如果那时候销售者能够坚持认为自己是对的，并为之付出相应的努力，很多销售者都会非常成功。反之，面对大多数人的不理解，销售者没有坚定的信念，没有承受住各种的质疑，放弃了自己而选择随波逐流，最后只能被淹没在人群中。

真理往往掌握在少数人的手中，能看到别人看不到的商机，才能获得别人所不能获得的成功。

两个公司分别派一位推销员去太平洋的一个小岛上去开拓

他们的鞋业市场，两个推销员信心满满地出发了。到了那边以后，让他们大吃一惊的是，这里的人根本都不穿鞋。其中一位推销员大失所望，就给自己的公司做出了市场报告，说这根本不可能，这里的人根本不需要鞋，我们在这里没有市场，于是就收拾东西返回去了。另一位推销员却非常高兴，他也立马给自己的公司做出了报告，说我们公司在这里有很大的发展空间，这里的所有人现在都没有鞋，于是，他就留在了那里全权负责市场开拓。显而易见，最后他成功了。

两个推销员一样的起点、一样的市场，最后却得到了完全不一样的结果。另一位推销员之所以成功，就是因为他看到了那个推销员所没有看到的商机，之后抓住时机，努力开拓市场，才获得了别人没有获得的成功。

任何人都有趋利避害的心理，这种心理往往会蒙蔽销售者的眼睛，使其错失商机，阻挡其成功的脚步。就像传奇商人哈默所说，买卖从来都没有好坏，只有蹩脚的买卖人。

4. 梅菲定律：没有不重要的顾客，只有不恰当的想法

顾客是销售的主体，因此对于销售者来说，没有不重要的顾客，只有对待顾客时不恰当的想法。

著名管理大师梅菲有一天正在家里写作，稿子出来以后，他觉得不满意，就想扔出窗外，随手一扔，就扔在了窗框上，随后纸团掉在了地上，于是他就又捡起纸团，对着窗框扔过去，结果没想到纸团飞出了窗外。这个意外发生的事情，让梅菲大师开始了深思，任何生活和工作中

的事情，都不会按你的预期发生。你绞尽脑汁，千方百计地做一件事情，它反而没有成效，而你没有费过心思，漫不经心做的事情却偏偏收效甚好。这看起来毫无道理，其实人生有很多没有道理的道理，这就是梅菲定律。

由此梅菲定律可以得出以下结论：

（1）你越不想发生的事情往往就会发生。其实生活就是这样：你看天气不好，就在包里装上一把伞，可偏偏几天都没有下雨，等你刚刚把伞放到家里，却大雨倾盆；你穿着一件新衣服，在吃饭时千小心万小心，就怕滴上油渍，可偏偏它就滴上了一滴油渍；你每次都把作业完成得很完美，可老师从来都不检查，你偶尔一次没写，老师却检查了。这就是人们常说的"怕什么，来什么"，"人倒霉时，喝凉水也会塞牙缝"，真是毫无道理可言。

（2）无心插柳柳成荫。有时，漫无目的地去做一件事情的时候，也能达到目的。比如你觉得某场比赛肯定会赢，但偏偏就发生了意外，最后输了；你随便买了一瓶水，店家告诉你，这个现在是可以抽奖的，然后你中奖了……

很多销售者在见到消费者的第一面时，就根据自己的技巧经验将消费者按照消费能力，分为不同的级别，从而确定对待方式，这其实是销售者为了提高销售成功的效率所采取的措施。但是，即使是资深的销售者也不能成功地判断每一位顾客，达到不错失一个单子，因此销售者要做到认真对待每一位顾客，重视每一位顾客，这也是"二八法则"和"客户管理法则"科学性的论证结果。因为你永远不知道哪个客户才是你成功的引导者，为了不错过这个成功的机会，销售者要认真对待每一位顾客，这样才不会漏掉每一位重要的客户。

郑耀南靠着自己的善于发现、勤于钻研取得了成功，成为都市丽人的创始人，身价不菲。他认为销售部第一线的意见是非常重要的，他们直接面对的是顾客，有了顾客才会有销售。他隔一段时间就会亲自巡店，听取销售者关于销售方面的意见。

一次，在巡店的过程中，一位店员建议郑耀南：很多女性顾客都会问，在店铺能不能销售男士用品。郑耀南经过认真思考，让公司有关部门进行深入的市场调研，结果表明，大部分男士的贴身衣物都是女士购买的，在店铺里销售男士用品有非常好的市场前景，于是他立即做出决定，都市丽人的每个店面都增加10%的男士用品。这一决策受到了很多顾客的强烈支持，店里的顾客也相继增加了很多，成交额大大提升，当然公司的利润也大幅度提高。就是这一个小小的决策，影响了市场的整个格局，取得了巨大成功，对提出这个建议的员工，郑耀南进行了高度赞扬，也给予了相应的业绩奖金。

从这个事件中可以看出：郑耀南的公司能够发展到上市，身价几十亿，离不开他重视每一位消费者。因为重视每一位消费者，就会认真听取消费者的意见，不断改进，使产品能够更加贴合消费者的需求，营业额自然而然也会提升。

相反，如果这个销售者没有重视每一位顾客，认为只要做好现有产品的销售就行了，那么她也不会提出有效建议，得到郑耀南的褒奖，当然也就没有丰厚的奖金可以领取。如果郑耀南没有重视每一位顾客，那么他就不会去巡店，这个销售者也就没有机会给他提意见，那么他们很可能就失去了一部分顾客，公司也不会发展得像现在这么成功。其实，任何一种情况都会促使结果发生大的改变，可见重视每一位顾客，对销售者和领导者是多么的重要。

吉姆·弗雷德曾经说："努力工作，认真对待每一个人、每一件事，这就是我取得成功的秘诀。"很多销售者应该都有这样的一种经历，当你认为一个顾客很容易就会成交时，反而这个顾客最后没有成交；而你认为只是随便看看的顾客，却很容易促成了销售。

在销售中，销售者每天要接待各种各样的人，根本无法确定谁一定会成交，谁又只是随便逛逛，这就要求销售者认真地去对待每一位顾客，尊重每一位顾客。尊重每一位顾客，这也是一个人的修养品格，是一种对他人价值的肯定。任何顾客都希望销售者能尊重自己，肯定自己，只有尊重、肯定顾客，才能得到顾客的肯定和认可。

因此，不管是什么样的顾客，销售者都应该认真对待，特别是在销售的价格方面，一定要一视同仁、公平对待，不能有偏见。只有这样，销售者才不会错失顾客，也才能保证自己的销售稳步发展。

"顾客就是上帝"这是销售者应该铭记的。认真对待每一位顾客，是销售者的职责所在！

5. 跨栏定律：不怕困难，设定目标越大，收获越大

销售者常常处于激烈的竞争和巨大的压力中，在推销的过程中也总会遇到各种各样的困难或挫折。许多销售者经过一番艰苦的努力，见不到成效便开始气馁、失望、急躁，不能坚持了；或者遇到挑剔、苛刻的客户，没能成功推销反而被刺激，便失去信心。其实胜利的曙光往往就在你的坚持之中，不放弃，不惧困难和挫折，朝着目标迈进才是正确之道。

困难和挫折是人生道路上的考验，也是助人成功的垫脚石。面对困难，销售者不要被其吓倒，应勇敢面对，坦然接受生活的挑战，这样才能克服困难和挫折，取得更高的成就。

外科医生阿费烈德早期在解剖肾病患者尸体时发现，患者那个患病的肾并不像大家猜测的那样糟糕。相反，那个肾比正常人的肾要大得多，而另外一个也是大得超乎寻常。

在多年的病患尸体解剖分析的过程中，他不断地遇到患者出问题的心脏、肺等几乎所有身体器官都比正常的器官大的情况。他发现那些患病器官并不是人们猜测的那样糟糕，恰恰相反，那些患病器官在与疾病的抗争中变得越来越强大，为了战胜疾病，它们往往要比正常的器官机能更强。

他从医学的角度对这种现象进行了分析，并以此撰写了一篇影响力巨大的论文。他认为由于要和病毒作斗争，患病器官因而要不断强大，功能要不断增强。如果是有两个相同的器官，当其中一只器官发生病变或死亡后，另一只器官就会努力承担起全部的责任，从而变得强壮起来。

后来，在给美术系学生治病时，他又发现了一个奇怪现象，那些艺术生的视力都较弱，远不及正常人，有些人甚至还是色弱、色盲。阿费烈德认为这就是病理现象在社会现实中的重复出现，于是他开始从广泛的层面证实自己的想法。

经过对艺术院校的教师、教授的调查研究，他发现结果与他的预测完全相同，一些颇有成就的教授之所以走上艺术道路，原来大都是受了生理缺陷的影响。缺陷不是阻止了他们，相反促进了他们走上了艺术道路。

阿费烈德把这种现象称为"跨栏定律"，即一个人的成就大小往往取决于他所遇到的困难的程度。竖在你面前的栏越高，你跳得也越高。

因此，作为销售者，面对困难应当毫不畏惧，迎难而上，越战越勇。当你面对的困难越大，你所能获得的成长和成功也就越大。同样，心有多大，舞台就有多大，销售者应当勇于挑战自我，勇于接受生活的磨砺和锻炼，为自己设定远大的目标和志向。设定多大的目标，才能有多大的收获。

北宋著名文学家苏轼在《晁错论》中曾这样评论西汉初年景帝时期的政治改革家晁错：立大志者成中志，立中志者成小志，立小志者不得志。目标定高一些，不要怕做不到，确定目标，勇往直前，就能获得你想要的成功。

从1995年第一次知道互联网，马云就确定了自己的目标，知道了自己想要的是什么，并为之奋斗。

创业的艰辛自然不言而喻，回顾阿里的历程，马云一路走来遭遇过的挫折、困难是不计其数的，甚至一直备受质疑。都说阿里不可能成功，但马云知道自己的目标是什么，他坚定自己的目标，不曾放弃，直到阿里巴巴上市，2016年"双十一"当日交易额突破千亿大关，取得了一个又一个辉煌成就。他说："梦想就是要脚踏实地坚持下去，和眼泪是息息相关的。我觉得最大的经验就是千万不要放弃，要勇往直前，而且不断地创新和突破。突破自己，直到找到一个方向为止，而且我觉得还有更重要的一点，我们今天面对将来的信心是来自于我们前5年的残酷经验，我们坚信明天更加残酷。"马云在谈起创业经验时如是说。

马云坚定自己的目标，从来没有怀疑过自己的选择，更不会被眼前的困难吓倒。他一直靠自己坚强的意志和永不放弃的精神勇往直前，向着既定的目标一路往前冲，一直往前冲。

生活就像弹簧，你弱它就强，你强它就弱。销售中不可避免地会遇到困难和挫折，销售者只需坚定自己的目标勇往直前即可。所遇到的困难程度决定了一个人的成就大小，遇到的困难越大，获得的成就也就可能越大。

销售者又该如何实现自己的理想或目标呢？不妨从以下几方面

做起：

（1）确定你想要达到什么样的高度。明确自己的目标是什么，全面考虑，确定人生目标或近期理想。例如，是要销量达到多少，职位做到什么高度。

（2）设定与现实相符合的目标。设定现实的目标，此目标是一个你希望在某一个期限内能够实现的东西。目标必须符合现实，并且要有具体期限，这样你才能有明确的责任，也才能付出具体的努力。

（3）把目标细节化。制订好大目标后，要尽可能地细化目标，定下具体的数字、日期和时间，确保每个目标都是可测量的，以确保目标的可行性。

（4）制订实现目标的策略。如何实现它们，需要运用哪些手段，采取哪些方式，自己在哪些方面不足，需要额外学习什么内容等。销售者需要制订明确的策略和具体的实行方案。

（5）按照计划执行。严格按照制订的计划执行，每日自我反省和检查，及时检查和审视自己的计划，看目标是否脱离实际，计划是否科学合理，如有需要及时调整。

（6）学会管理自己。这既包括自己时间的管理，又包括自己情绪的管理。合理利用时间，时间就像海绵里的水，只要愿意挤总还是有的。此外，当达到一个小目标时及时给自己奖励和鼓励，使自己坚持下去。

困难面前昂首挺胸，艰难之中勇往直前，这才是强者应有的姿态。成功属于这样的强者，生命的意义也在于有所追求，而非只是活着，形同走肉。设定多大的目标，就有多大的收获，为梦想勇敢地去奋斗、拼搏，才能获得最终的成功。

6. 帕金森定律：拖延是成功的大敌

不管是企业还是销售者，都应该避免"帕金森定律"的出现。英国历史学家、政治学家诺斯科特·帕金森(C.Northcote Parkinson)在 1958 年出版了《帕金森定律》(Parkinson's Law)一书，书中指出：行政管理中，行政人员会越来越多，人人都很忙，但组织效率越来越低。这就是著名的帕金森定律，又被称为"金字塔上升"现象。

一位无所事事的老妇人要给自己远方的侄女寄一张明信片。她用了 1 个小时左右的时间找到了明信片，消耗了 1 个小时挑选出了喜欢的明信片，然后又花费了 1 个小时想好了在上面写些什么，等她把明信片写好后又已经过了半个小时。然后她开始找侄女的地址，思考怎样给侄女寄去，出门寄明信片时要不要打雨伞……等做完这一切，她觉得甚是疲惫，这足足花费了她一整天的时间。

对于一个上班非常忙碌的人来说，这件事情，上班途中的 5 分钟就足以搞定。同样的一件工作，有的人几分钟就能完成，而有的人则需要一个小时，甚至几个小时才能完成。由此可见，不同的人做同一件工作消耗时间的差别之大。

每 份工作都会自然地膨胀，占据其可占用的任何时间。工作的膨胀性使工作始终占满了销售者所有可用的时间，这无疑助长了拖延症的滋长，而拖延又是导致失败，阻碍成功的巨大绊脚石。"帕金森定律"揭露出的正是由于拖延、懒散而导致的效率低下、人浮于事。

小赵是某房产中介的一名销售者，平时他总是大大咧咧，不慌不急的样子。由于刚接触这一行业，手中客户资源不多，又恰逢碰上国家出台限购政策，原本就接不到什么客户的他显得更加清闲了。

一天，他接待了一位到店咨询的客户，客户想通过他们公司购买一套两室一厅的房子。小赵认真地听了客户的要求，积极向客户推荐了好几套并带着客户看了房子。但不是客户相不中房子，就是买卖双方价格谈不拢，一来二去，客户始终没有选到心仪的房子。

小赵一直忙着帮客户找房子，带客户看房子，但并没有在公司系统中录入客户信息，更别提客户信息的维护了。小赵的师傅总是督促小赵及时建立客户档案，维护客户信息，他总是说这会儿太忙，等会再录，结果没过多久就忘得一干二净了，被催得次数多了，他才最终给录上。

几周之后，他突然听说他的客户通过同事定了房子。原来由于没有及时维护客户信息，系统默认该客户无人跟踪，自动存入公盘，这才被另一个同事给捡了去，又恰巧新出了一套房子，同事给这个客户一推，客户非常喜欢，当场交了定金。

两万八的业绩本该属于自己，现在却只能眼睁睁地看着别人领奖金，小赵心里非常难受。他想找公司领导诉说心里的委屈和不满，被带他的师傅给拦下了。师傅说："每次跟你说要及时维护客户，及时跟踪，你总是嘻嘻哈哈说等会儿弄，不晚有的是时间。这下可好，不光有时间了，时间还多得不得了呢。公司有规定落入公盘客户即为新客户，别人及时服务跟踪了，就跟你没关系了。"

吃一堑，长一智，这是师傅送给小赵的话。工作原本就不太忙，小赵却没有及时维护客户，拖延、懒散导致自己的客户流失，也怨不了别人。成功的销售者应时刻谨记提高工作效率，不让懒散、拖延成为坏习惯。

如何消除帕金森定律的影响应是每一位从业人员，特别是销售者，应该思考的问题。销售者想要取得喜人的销量，就要预防帕金森定律所带来的不良影响，可以从以下几个方面着手：

（1）建立学习型的组织。社会发展快速，销售者要时刻注意自身的学习和成长，不断进取。新科技、新知识、新问题、新情况层出不穷，只有不断学习、不断进步才能够满足社会发展的需要。

（2）企业要公平、公正、公开招聘销售者。建立完善的招聘体制，由高级管理人员和直接领导共同招聘所需销售者，这样就避免了用人者出于私人目的而任用能力低下的员工。

（3）企业要建立人才培养机制。人才培训机制可帮助企业培养和筛选人才。给予一定的人才升职空间，既给了销售者努力工作的动力，又能给一些低能管理者以警示，使其努力，同时要求各级别管理人员在规定时间内向上级推荐优秀人才。这些可以防止管理者只任用能力比自己低的人。

（4）建立考核制度，定期考核。劳动分配率＝人工成本／产出增加值，人事费用率＝人工成本／销售收入，这两项分别反映了企业新创造价值对员工分配的份额，劳动投入占实现价值的总产的比例。应将两项指标维持在合理的范围之内，若两项指标持续增长，则表明帕金森定律产生了作用，需要进行改善和调整。

避开帕金森定律，摆脱拖延症，这是销售者和企业都应努力的方向。成功的销售离不开勤奋努力，高效率地工作更能助销售者创造优秀业绩，获取成功。因此销售者在工作中一定要时刻提醒自己，远离拖延。

7. 墨菲定律：别忽视不可预测的事

如果某件事情有很多种解决方法，但其中一种可能会带来很多的麻烦，那么一定有人会按照这种方式去做。这就是墨菲定律。

这一定律告诉我们不要因为一件事的发生概率小就忽视它，对于销售者更是如此，不要因为顾客的拒绝，就忽视销售成功的可能。

1949 年，美国空军为了测定人类对加速度的承受极限进行了 MX981 实验，工程师爱德华·墨菲参加了这个实验。实验的其中一个项目是将受试者置于 16 个火箭加速度计悬空装置的下方，而将加速度计固定在支架上有两种方式，这时却有人理所当然地将 16 个加速度计都装在了错误的位置上，工程师爱德华·墨菲觉得非常不可思议。针对这一情况，爱德华·墨菲做出了这个有名的结论，在记者会上，这个结论还被那个实验者运用。

基于这件事情，一个著名的定律产生了，如果一件事情有很多种解决方式，而其中一种是最糟糕的，那么一定会有人选择这种方式。这就是墨菲定律产生的经过，它告诉我们，别忽视不可预测的事情。不管科技多发达，我们解决问题的能力多高超，事故总会发生，麻烦也会不断，毕竟犯错误是人类生而带来的弱点。

因此，我们要在做一件事情之前，全面考虑到各种情况发生的可能，以选择最好的方式。如果不幸发生了麻烦，也应该尽全力想办法解决，总结麻烦发生的原因，而不是尝试去忽视它。

马云第一次接触互联网，是在美国的西雅图。他和朋友一起去了一家"ISP"的小公司，当时朋友告诉马云，你可以在互联网上搜索任何你想要知道的东西，刚开始马云根本不敢碰电脑，他知道电脑很贵，在中国只有非常有钱的公司才有，但因为好奇他还是试着敲击键盘，当搜索到"中国"时，电脑竟然显示没有数据。这让马云心里产生了很大的触动，偌大的中国竟然在互联网上没有显示，从这时候起，马云就萌生了开创中国互联网公司的念头。

回国后经过深刻的思考，他毅然决然地创办了中国第一家商业网站——中国黄页。那时候非常困难，他东拼西凑凑出来10万元，就这样走上了互联网之路。

当时中国的很多人根本都不知道网络是干什么的。对于马云来说，推销自己的公司就更为困难，当时他在推广自己的"中国黄页"时，几乎所有人都认为他是个骗子，异常艰难。政府对这条信息之路也没有明确的态度，对于开拓一条这样的路，何其艰辛可想而知。

充满着风险、挑战和未知，对于开拓者只有两种结果：要么成为创建时代的英雄，在当时看来可能性微乎其微；要么理所当然地被淹没。当时的马云心里很清楚，扔掉了自己的铁饭碗，选择任何人都不理解和看好的互联网，一旦失败对自己意味着什么，而恰恰这个失败的可能性还是非常大的。但无论如何，他最终都坚持了下来，成为了创造另一个时代的英雄。

马云在做互联网创业之前是一名学院的公职人员，那时候这样的一份工作是很多人梦寐以求的，体面又轻松。因此当他决定辞去学院的工作去做没有任何人清楚是干什么的互联网时，很多人感到了不能理解甚至觉得他是疯了。如今没有人再怀疑马云当时的抉择了，诚如任何人都不可能随随便便成功，在创业的道路上，马云也遇到过挫折、误解，但他都坚持了下来，所以他成功了。

马云的成功告诉我们一个道理：不要因为成功的概率微小就选择忽

略它。正因为概率的微小，销售者更需要全力以赴，不畏惧任何困难去完成它，坚持下来，那么你就能超越很多人，成为英雄。

人都有一种胆怯心理，害怕别人的拒绝，偏偏销售者被拒绝的情况时常发生，所以一开始很多的销售者会被吓到。可以说销售就是每天与顾客的拒绝打交道，只有战胜拒绝，才是成功的销售者。销售者从到顾客家门口开始敲门，到与顾客的对话、讲解，直至销售的成功，每一步都有可能被拒绝，没有捷径可走，只能努力。了解这些困难，树立坚定的信念，有困难坚持克服，这是销售人员必须做好的思想准备。

著名销售学家曾经说过："99次的失败也许才能换来一次的成功。"可见成功的概率是如此低下。很多销售者就是被这个非常高的失败概率吓到，觉得肯定会失败，就忽视了成功的微小概率，所以成功者就显得更加的难得。

马云曾经说过："销售就是痛苦地坚持，快乐地死去。"世间最难的事情往往也是最容易的事情，而最容易的事情也可能是最难的事情。很多销售者之所以能够成功就是因为他被顾客拒绝，没有因为害怕承受销售成功之前的痛苦折磨而半途而废，在看起来败局已定的时候又坚持了下来，并付出了巨大的努力，才会走向成功。

8. 二八定律：懂得选择，也要懂得放弃

生活中总存在这样有趣的现象：80%的看电视时间花在20%的节目上；20%的汽车狂人，引起80%的交通事故；20%的产品或20%的客户，为企业赚得约80%的销售额……这些有趣的现象实际上体现的就是著名经济学的经典理论——二八定律。

二八定律又被称为帕累托定律，也称巴莱多定律、80/20定律、不平衡原则、最省力的法则等，是19世纪末20世纪初由意大利著名经济学家维尔弗雷德·帕累托发现的。他指出，在任何特定群体或事物中，重要的因子只占其中一小部分，约20%，其余80%的虽然是多数，却是次要的，因此掌控具有重要性的因子就能掌控全局。

销售者要熟知这一定律，即80%的销售额来自20%的重要客户，其余20%的销售额则来自80%的普通客户。因此在平时的推销过程中，销售者要懂得取舍，把精力放在最见成效的地方。

杨国和周波同是一家汽车销售公司的销售者，他们是同一天被招聘进公司的，年龄大小又差不多，所以不久就成了好朋友。两人也都是带着一腔热血，想要在汽车销售行业大干一番，闯出一些名堂，所以不管是平时的学习培训还是实战实习，两人都非常积极认真。

每天早上，杨国总是很早就来到公司，收拾好自己负责的卫生区域，他就边复习培训的销售内容，边等客户进店。他总是热情周到地接待每一位客户，真诚地为每一位客户介绍，总是没等客户提出他就把最优惠的方案提供了出来，客户常常对他大加赞扬，很是信任。由于他对每个客户都尽心尽责，事事亲力亲为，几个月下来他就积攒了不少客户资源，销售业绩虽说不是遥遥领先，但也不错。作为一个销售新手，经理给予了他很大的肯定，这使他信心大增，觉得每天的加班熬夜都是值得的。

周波跟杨国不同，他虽然也很认真、努力，但他似乎是戴了"有色眼镜"，整天只围绕几个客户转，对其他客户就显得没有那么上心，而且几乎不曾熬夜加班。杨国善意地提醒周波，告诫他应该全面顾及，而周波却总说他这是"大片撒网，重点捕鱼"。见周波不听，杨国也就只是笑笑，不再说什么了。

到了季度总结，公司召开了季度表扬大会，会上公司领导对周波提出了大力表扬。原来周波通过几个月跟踪服务特定的客户，深度挖掘这些客户，成交了几笔大订单，为公司创造了很大的利润。

跟周波创造的利润相比，杨国创造的利润就显得微乎其微了。可是杨国不明白，自己每天比周波多付出了几倍的努力，客户量也远比他多，为什么业绩反而相差那么大呢？对此周波回答他的还是那句话：重点捕鱼。

杨国付出了非常多的努力，他尽心尽力地服务每一位客户，对客户热情、真诚，最终也赢得了客户的认可，但销售量却不是第一第二；周波只围绕特定的一些客户，客户量远不及杨国，可销售量却远超杨国。周波的那句回答也正好是对这种现象原因的解释，他把重点放在了特定的一些客户身上，尽心服务好这些客户就可以为自己带来想要的利益。他深知二八定律这一原理，因而把推销的重心放在了重要的客户身上，最终创造了傲人的销量。

作为销售者，在对顾客价值进行全面分析的基础上，要懂得对顾客进行细分，根据顾客的重要程度，合理分配营销力量，懂得选择也要懂得放弃。20%的客户带来了80%的销售额，细致分析、正确选择重要的20%客户，放弃不太重要的80%客户，既可以为自己带来想要的成功，又可以避免让自己太过劳累。找准这20%的客户，就意味着成功。

有人曾这样说过，美国人的金钱装在犹太人的口袋里。为什么会这样说呢？原因就是犹太人始终坚持经商的"二八定律"，他们坚信80%的利润来自20%的重要客户，因此把主要的精力放在重要的客户上。

威廉·穆尔，凯利·穆尔油漆公司的主席，在他刚开始从事油漆销售工作时，业绩并不好，他第一个月仅仅挣了 160 美元。于是，他对自己的销售工作进行了细致的分析，并研究了犹太人经商的模式，然后发现他在对所有客户花费相同时间和精力的前提下，20% 的客户就为他创造了 80% 的业绩。他找到了失败的原因，竟然是对所有的客户花费了相同的时间。于是他调整工作精力，把手中不活跃的 36 个客户分给其他销售者，自己集中精力在最有希望的客户上。没过多久，他就挣到了每月 1000 美元的薪资。

他坚持二八定律，始终将自己的精力放在重要的客户身上，最终成为了凯利·穆尔油漆公司的主席。

倘若威廉·穆尔工作时不分析犹太人从商的经验，还像以前一样工作，可能他始终都会是个累得不得了，而且还挣不到钱的小职员。通过研究和学习，他遵循二八定律，将自己的精力放在了可以为自己创造极大利益的客户身上，最终成就了自己，实现了自己的价值。

二八定律要求销售者在工作中不能"胡子眉毛一把抓"，而是要抓关键环节、关键客户，将好钢用在刀刃上。销售者要真正领悟选择与放弃，懂得选择的同时也要懂得放弃。

9. 布利斯定律：有高超的计划和应变能力

几个心理学家找了一些学生，把学生分成三组，然后让他们在 20 天内以不同的方式练习投篮。

第一组学生每天拿着篮球练习投篮，并记录下了他们第一天和最后一天的成绩。

第二组学生记录下了第一天和最后一天的投篮成绩，中间没有进行任何形式的练习。

第三组学生记录下第一天和最后一天的成绩，期间他们每天花20分钟做想象中的投篮；如果投篮不中时，他们便在想象中给予相应的纠正。

最终实验结果表明：第一组进球增加了24%；第二组没有丝毫长进；第三组进球增加了26%。他们由此得出结论：行动前进行头脑热身。

上述实验也向我们表明了计划的重要性。在投球之前先进行想象，并对其中的失误给予正确的纠正，梳理每个细节，然后行动，这样有利于增高投球的命中率。

美国行为科学家艾得·布利斯通过行为实验证明：行动之前进行头脑热身，构想要做之事的每一个细节，梳理心路，然后将它深深铭刻在脑子里，当行动时，便会得心应手。他所提出的布利斯定律指出：花费较多时间为一次重要的工作做一个事前计划，那么做这项工作所用的总时间就会减少。

计划即指南针。在与客户沟通之前，销售者事先计划好怎样接待客户，什么时间、以什么方式向客户介绍产品等等，不但有助于销售者成功销售产品，而且有助于与客户建立良好的交际关系，获得客户的信赖。做事没有计划，行动起来就会手忙脚乱，自然也很难高效率地完成工作。

早上八点，李杰准时来到公司。今天是周一，又逢下雨，来看车的客户必定很少，那就可以把之前手里的文件处理一下了，李杰心想。

他穿过大厅，来到了自己的办公室，办公桌上凌乱地摆放着各种文件，这是最近几周买车客户的文件和信息。他把文件归整在一起，拿起抹布，想要打扫一下自己的办公区域。几分钟之后，有同事陆陆续续地进门，他和同事打招呼，聊了会儿天之后才接着打扫卫生。

他从文件中抽出一本，开始了今天忙碌的工作。一会儿手机响了，是客户打来的，他急忙接起与客户聊了起来。聊了一会儿之后，打断的工作被捡起来，但是李杰转换了内容，投身到一份报表工作中，刚刚未完成的文件被遗落在了一旁。

一整天，李杰陆续收到各式邮件、电话，他停下手上的工作一一处理……中途聊天、发呆和浏览网页若干次。忙忙碌碌的一天结束了，快下班时，销售经理把李杰叫到了办公室，问他最近客户买车文件今天是否已经处理完，他这时才意识到原本今天可以完成的工作只是起了一个头，然后就被埋没在其他工作及聊天、发呆和浏览网页中了。

经理追问，他不知该如何应答。经理原本是想调他去新店暂时做主管，如果在那里做得好就可能长留在那，店里很多人都希望自己能被调去。看着支支吾吾的李杰，经理就知道了答案，对李杰的工作态度很是生气。

由于经常出现这种情况，导致客户文件也不能及时上交，客户等待时间长，提车慢，渐渐也开始抱怨起来。

上例中的销售者李杰知道自己有很多工作要做，但却没有计划，工作呈现一盘散沙的状态，以一种"应付"的状态处理工作，看起来很忙碌，但工作效率却很低。

很多销售者经常会出现这种情况，平时客户少、工作量小时还可以勉强对付，但若遇到销售高峰或公司举办大型促销会，往往就会手忙脚乱，出现很多问题，甚至分不清工作的主次，逮到哪一个做哪一个，一刻不敢松懈，却依然搞得自己焦头烂额。

成功的销售者知道事先拟定行动计划，梳理工作流程，并提前想好意外事件的应对措施，行动时自然得心应手，应付自如。销售者想要获得成功，必须要有高超的计划和应变能力，提前计划，精确到每个小细节并全面考虑问题，准备备选方案，工作时以计划为"指南针"，成功规避错误，才能高效率地达成目标。

要知道，好的规划是成功的开始。

《礼记·中庸》中有言："凡事豫则立，不豫则废。言前定则不跆，事前定则不困，行前定则不疚，道前定则不穷。"豫，亦作"预"。销售者应当做到说话前有准备，那样面对客户时才不会理屈词穷，站不住脚；行事前定好计划，先有定夺，就能随机应变，不会发生错误以及让自己后悔的事。

试验表明，制订计划比未订计划的成功率高出35倍，因此销售者想要有高超的计划和应变能力应该怎么做呢？

（1）设定任务的目标，想要达成什么；

（2）确定任务的内容，做什么；

（3）实现任务的方法，怎么做；

（4）确定任务的分工，谁去做；

（5）安排任务的进度，列出时间表。

正所谓事前想清楚，事中不折腾。销售者应该牢记布利斯定律，在做事前做好计划，让自己拥有高超的计划和应变能力，助自己在销售之路上越走越远，取得优异的业绩。

10. 羊群效应：不要只让一只"羊"来吃你的"草"

有这样一个幽默故事，天堂召开石油大亨会，一位石油大亨前去参加，但当他到达会议室时发现会议室已经坐满了人，没有座位了。他灵机一动，大喊一声："地狱里发现石油了！"听他这么一喊，会议室里的人立刻人头攒动，奔向地狱，浩大的天堂办公室只剩下他一人。两分钟后不见有人回来，大亨心想，大家都往那跑也不回来了，难道地狱真有石油？大亨瞬间坐不安稳了，起身跑向地狱。

这虽是一则幽默笑话，但它却真实地反映出了人们的从众心理，在心理学上这种现象被称为"羊群效应"——倘若在一群羊中有一只羊到某处吃草，那么其他的羊也会跟风跑过去吃草，既看不到旁边还有更鲜美的草，也看不到旁边是否存在危险，只是一味跟从，这就是所谓的"羊群效应"，也称"从众心理"。

从心理学角度讲，从众行为是一种普遍的社会心理现象。当客户购物时，面对新产品总是心存疑虑不愿轻易冒险，而对于别人争相购买的产品，自己也会信任和喜欢，尤其是看到别人抢购时，自己也会按捺不住强烈的购买欲，加入到抢购行列。

客户在购买物品时无形中会把社会群体当作一种行为参照。在销售中，销售者可以利用人们随波逐流的从众心理，创造出大家争相购买的气氛，来促成顾客迅速做出购买决定，这种销售方法被称为从众成交法。

　　小美想买一个电压力锅，可挑来挑去始终下不了决心。她觉得几种电压力锅功能相似，但价格差别较大，每个销售者介绍时也只说自己的产品好，这让对家电购买经验为零的她很是苦恼。"这些有什么区别呀？到底买哪个呢？"她在心里思考着。

　　销售者小李看出了她的苦恼，她走到小美身边，递上了一杯水。"看了这么长时间也累了吧，喝点水，休息一下。"她面带微笑说，"其实功能都差不多，质量好的价钱就相对高一些。要不您看看这款吧，很多年轻人都会选这款，它功能很全，做饭用时较短，是上班族的最爱，我家用的也是这款。"

"你家用的也是这款？"

"嗯，是的，用起来很方便，很多客户反馈也是这么说。"

"那我就买这个吧。"看着小李认真的表情，小美非常开心地做了决定。

"大家都买了一大打呢"，"这附近的邻居都买的这个"，这样的话语最容易激起客户的购买欲望。"大家都买了，一定很好，我也要买"，客户很容易产生这样的心理。由此可见"从众"的心理具有多么大的能量。

其实，从众心理在消费实践中普遍存在，排长队抢购商品就是一个很明显的例子。人们都有从众心理，觉得排队越长越代表产品优越，因而我们会看到队伍越排越长。

销售者应当熟知羊群效应，不要只让一只"羊"来吃你的"草"，而是利用羊群的从众心理，让更多的"羊"来吃"草"。销售者可以利用客户的这种从众心理，削弱客户的担心，从而促成交易。特别是面对新客户，用这种方法可以增强客户对产品的信任度。

日本著名的企业家多川博，早期也是名不见经传的个体户，但是因成功地经营婴儿尿布后被称为世界闻名的"尿布大王"。

在多川博创业之初，他创办了一个日用品的综合性企业，但是一直因为没特色而成绩平平。一次，他了解到日本新生儿具有可观的数字，于是决定专心生产尿布。

为此，多川博投资新设备，采用新工艺、新材料，制造质量优良的尿布。但是，经过大范围的广告宣传后还是无人问津，几乎到了破产的地步。

面对困境，多川博万分焦急，最后想到了一个办法，他让员工装扮购买尿布的客户，在门前排队购买产品。很快，公司门店前就排起了长队，好奇的行人问："这里在卖什么？""什么东西这么多人抢购？"就这样，长队给路过的行人创造了一个购买氛围，很多买主便不知不觉地加入了排队的行列，同时，排队也给公司的尿布产品做了一个免费的广告。随着产品不断销售，人们逐步认识了这种尿布的优越性，名声逐渐传开，买尿布的人也越来越多。后来，多川博公司生产的尿布远销国外，成为世界畅销的产品。

多川博公司的尿布之所以畅销，正是因为多川博利用了客户的从众心理，打开了市场突破口，加之产品质量好，客户购买后又加以传播，因而轻而易举获得了成功。

销售者想要利用羊群效应来招揽更多的客户，需要注意如下问题：

（1）所举案例必须实事求是。在销售的过程中，销售者要向客户讲授真实的售后体验。因为客户会有验证，一旦客户发现销售者存在欺骗行为，将会不再信任该产品，并将这种体验告知他人。客户会从优良产品的众，也会从恶劣产品的众，所以，一旦让客户觉得被欺骗了，后果将很难收拾。

（2）拿客户心中比较有影响力的人作参照。毕竟有影响力的人物更有说服力，更容易赢得客户的信赖。因此想利用客户的从众心理进行推销，可以向客户提及客户熟悉的老客户，或者比较权威的老客户作为列举对象，否则客户的从众心理将无法被激发出来。

（3）面对太有个性的客户，不要轻易使用此法。不可否认，很多人崇尚个性，别人买的东西自己偏不买。面对这种拥有叛逆心理的人，销售时使用从众心理，反而会引起客户的反感。

从众心理是一种非常普遍的社会心理和行为现象，在销售过程中，销售者要对客户有一个细致的了解，然后巧妙地运用羊群效应，促使客户下定决心签单，并且帮助我们吸引更多的"羊"前来"觅食"。

11. 皮格马利翁效应：期待带来信任

古希腊神话中有这样一个故事：塞浦路斯的国王皮格马利翁对雕塑情有独钟，一天，他用象牙雕塑了一个少女，并给她取名"盖拉蒂"。这尊雕塑完美至极，以至于皮格马利翁逐渐爱上了"盖拉蒂"，为此，他每天对着雕塑发呆，倾诉衷肠，真诚地希望她能幻化成人，成为自己的妻子。一天，皮格马利翁的痴心终于打动了女神，雕塑变成了一个美女向他走来，皮格马利翁的期望变成了现实，他兴高采烈地娶了这个女子为妻。

这就是心理学上的"皮格马利翁效应"，它指的是人们的暗示的力量，热切的期望与赞美的暗示能够把梦想变成奇迹。"皮格马利翁效应"是美国著名心理学家罗森塔尔和雅格布森通过一次经典的实验提出的。

1968年，罗森塔尔和雅格布森随机选定了一所小学，然后从六个年级中选了三个班，对这三个班的学生郑重其事地进行了一次"发展测验"。然后，列出了"发展测试"的名单，并宣称这些学生是很有发展潜能的。八个月后，这些被列为"发展测试"的学生，学习成绩进步飞快，而且性格更开朗，与同学、老师之间的关系相处得也更融洽。您也许会觉得不可思议，这是为什么呢？

这正是皮格马利翁效应的作用。它告诉我们，只要我们对别人怀有积极的心理期待，别人就可能朝着我们期望的方向发展。从销售角度分析，皮格马利翁效应也同样适用，很多时候我们给客户一个良好的期待，到最后客户还真的会如我们期待的那样。

那么我们该怎么恰当地利用皮格马利翁效应呢？

首先，想象客户会接受，客户真的会接受。一个权威机构做过这样一项调查，很多没有做成买卖的销售者失败的原因都是"我就知道这位客户不会买的"。销售者的这种感受是从交流之后就产生的，很多未能成功销售出产品的销售者都觉得，"我只是无法想象出该客户买这样一件东西，这对她来说太贵了。"当问及"你为什么这样想"时，他们也都这样回答："嗯，我就是这样想的。"

可是当销售者利用皮格马利翁效应去影响客户的时候，便更容易成交。当销售者做好了各种准备和努力之后，在心底告诉自己："客户一定会买的！我们的产品是一流的，他需要这个产品，他一定会买，一定会买！"销售者在外表上就会显得特别自信，这种自信会感染客户信任销售者，从而影响客户购买。这也是一种心理暗示，它会微妙地影响客户的心理和行为，促使他更容易接受你的推销。

销售大师乔·吉拉德对这个方法珍爱有加。他曾这样说："每当我们面对客户时，我总是假设客户能和我签下订单。""有一位顶尖的人寿保险经纪人告诉我，即使客户拒绝了我，我也会假设他会购买我的保单。假定、假定、再假定，不论多么啰唆厌烦，在整场销售展示中，我会不断地假定已成交。从销售起初就应该做这样的假定，这样的假定越多，成功的次数也会越多。"

客观上，我们并不知道客户一定会购买，但是当我们保持成交的心态来与客户交流的时候，我们会获得信任，至少客户不会怀疑我们的产品。

其次，用假定客户已经接受的说话方式来敦促客户成交。

凯特是美国的一位房产销售者，在一次和客户的销售交流中，在交流的最后时期，他用了一种仿佛已经成交的语气对客户说："这房子已经归您，您应该很满意的。那么我们再来深刻了解一下这个房子的方位以及房款吧。请在这里签名！"凯特自信满满地引导客户签上了字，就这样顺利地推销出了这个房子。

凯特这样总结自己的经验："我秉持的座右铭是：不要争辩，

只管让对方相信，订单就自然而然会来。最后的签名盖章，就像理所当然的一样。"

可见，假定销售已经成交的说话术，可以顺理成章地影响客户接受销售者的建议。也许下面这些话会提高成交的胜算：

"很高兴您做了如此明智的决定。"

"请在这里签名。"

"我会直接把发票寄给您。"

"您同意后，请在这里签字，用力一点写。"

"我会把它当成礼物包起来给您。"

当然，问这些问题时，只需假定客户已经购买了你的产品，而不要去追问客户"您的发票要送到哪里""您今天想预付些订金吗"或是"您想要哪种礼物"这类问题。否则会分散客户的注意力，影响客户判断。

最后，巧用激将法，"逼迫"客户成交。即使客户犹豫不定，你也应该假定客户是个英明果断的人，然后对客户实施一种"激将法"，让客户碍于面子而无法拒绝。

柴田和子被誉为日本的"推销女神"，她很擅长使用这个方法让拖拖拉拉、犹豫不定的客户签下保单。

"一个成功的男人，都是果敢迅速的。"

"只有遇事毫不迟疑地做出决定的人，才能成为事业有成的人。"

"您赌马输个 10 万日元时，眉头都不皱一下，这区区 3 万日元怎么却舍不得呢？这不是出人头地应该有的判断能力哦！"

"我听社长说过，您是一位德才兼备的人才，所以决定还是尽早下，否则迟疑不定只会损毁您的形象。"

这些说法，无疑是在向对方传递"果断"的期望。给对方一个良好的期望，"逼迫"对方果断地做出决定。

后 记

《完美成交的销售心理学》即将付梓，在此，诚挚感谢我的好友张治国先生在本书编著过程中所付出的辛劳。除此之外，我觉得还有几句话要说。

回首三十年的销售历程，用心品味销售的酸甜苦辣，我深深地感到：销售卖的其实就是良心，真诚，美好，责任，使命和爱。没有爱的存在，任何所谓的销售技巧都是干瘪的、没有力量的。销售是一种情感、情愫和情怀。

销售其实很简单：自己先要把产品做好，然后让客户知道，当客户真切地感知到蕴藏在产品里的那份真诚的责任使命和爱的时候，客户就会心甘情愿地掏腰包；当客户在使用产品的过程中从灵魂的深处体验到那份真诚的责任、使命和爱的时候，他们自然就要转介绍，你的产品就会不胫而走，就会真正地狂销热卖！

这就是隐藏在所有销售中的"道"。

最后，我要真诚地感谢在本书众筹过程中给予我鼎力支持的挚友，他们是：

陈若水，范章清，徐静，马春兰，何勇，袁永兵，陈文辉，高娃，谢宏滨，张治国，张爱华，张建华，韦人懿，马煜超，李贵林，周耀，付建华，任志强，魏会利，吴红兵，刘红阳，张贺程，曹韵娸。

冯耀龙

2017 年 8 月 28 日于香港